SCIENCE

DE LA

POLITIQUE.

PARIS. — TYPOGRAPHIE DE FIRMIN DIDOT FRÈRES.

RUE JACOB, Nº 56.

SCIENCE

DE LA

POLITIQUE,

PAR

IVAN GOLOVINE.

———◦———

PARIS,

FIRMIN DIDOT FRÈRES, LIBRAIRES,
IMPRIMEURS DE L'INSTITUT,
RUE JACOB, N° 56.

CAPPELLE, LIBRAIRE - ÉDITEUR,
RUE DE L'ODÉON, N° 21.

———

1844.

Introduction.

La politique est la science du gouvernement dans ses rapports intérieurs comme dans ses relations extérieures, la science d'État par excellence, la haute sagesse gouvernementale, la quintessence du savoir administratif. Elle laisse à la science de la police la surveillance du repos intérieur, au droit pénal et civil le soin de régler les rapports des hommes entre eux et à l'égard de leur propriété, au droit public l'organisation des pouvoirs politiques, au droit des gens les rapports internationaux, à l'économie politique et aux finances les recherches sur les richesses nationales et publiques, et se réserve à elle-même le résumé de toutes les expériences consignées dans toutes ces sciences, s'en approprie les résultats, et, les adjoignant à des connaissances qu'elle recueille dans une sphère qui lui est particulière, dans l'art politique proprement dit, en forme un tout sous le nom générique de *politique*, qui, du reste, est propre à chacune des sciences d'État en particulier, dont elle n'est, pour ainsi dire, que l'encyclopédie, comme elle pourrait aussi s'appeler la philosophie du gouvernement.

Vu l'immensité de son champ, la politique s'est multipliée et s'est subdivisée de nos jours à l'infini, et il y a presque autant de politiques que d'opinions. C'est aussi pourquoi jamais on n'a senti mieux qu'à présent la nécessité d'assigner des limites à cette science, et de classer les idées politiques dans un cadre précis.

Le monde est travaillé par un malaise général. Les esprits sont tournés vers la politique. C'est au gouvernement, comme au plus fort, qu'on demande compte de tous les maux. Démontrer le devoir et le pouvoir du gouvernement, c'est réduire les choses à leur sens véritable, c'est rendre les hommes moins remuants, plus sûrs de leur route; c'est changer le mécontentement en résignation, la guerre en paix.

Les pays libres ont des partisans de l'absolutisme, les monarchies ont des républicains. Si ce mécontentement tient un peu à la nature de l'homme, dont le propre est de toujours désirer ce qu'il n'a pas, la cause en est plus encore dans le manque de lumières. S'il était démontré aux partisans de la république dans une monarchie limitée, qu'ils désirent une chose moins bonne; aux partisans de l'absolutisme dans un pays constitutionnel, qu'ils veulent une chose pire que celle dont ils se plaignent, les uns et les autres se soumettraient à l'évidence, et rentreraient dans la voie du contentement.

Le savoir incomplet est pernicieux, la science complète est un bienfait. La politique qui ne laisse que du trouble dans l'esprit et un abîme dans le cœur, c'est la politique à moitié faite, celle qui touche à tout sans rien approfondir, qui ébranle tout sans rien renverser ni rien établir; elle égare les intelligences, aigrit les consciences. Mais la politique qui aborde les difficultés de front, qui va au fond des choses, qui ne rougit pas de reconnaître les côtés faibles et les abus des institutions qu'elle défend, faute de meilleures, cherchant à les épurer; la politique franche, la science complète, ne peuvent qu'assurer la marche, et éclairer la route des gouvernants comme des gouvernés.

Mais, d'autre part, la politique qui veut

tout saper et tout refaire à neuf, sans tenir compte de la force des choses ou de la faiblesse des hommes, ne doit pas nous arrêter dans la route.

Il y a quelqu'un, pour me servir de l'expression de l'abbé Sieyes, qui a plus d'esprit que qui que ce soit, plus d'esprit que tous les socialistes pris séparément ou réunis, que les Platon, les Harrington, les Fichte, les Saint-Simon et les Fourier : ce quelqu'un, c'est tout le monde; et son œuvre c'est la société actuelle, livre riche en profonds enseignements, et d i gne des plus constantes méditations; produit des siècles, des tourments et des luttes de tous les temps; œuvre inachevée et incomplète, pleine d'imperfections, mais résultat des passions et des faiblesses humaines, auxquelles toutes les utopies possibles ne savent pas faire une part aussi naturelle.

La prétention de certains utopistes, de faire un ordre de choses parfait pour des hommes imparfaits, se condamne par elle-même. Plus leurs projets se rapprocheront de la perfection, moins ils seront exécutables; et les théories dénuées d'application pratique sont des rêves creux, ou tout au plus des jeux d'esprit plus ou moins curieux et récréatifs.

La politique n'est point une science spéculative ou idéale, mais bien une science expérimentale, qui, pour être moins parfaite, n'en est que plus pratique.

Les hommes viennent sous un chou, dit-on aux enfants; les gouvernements viennent de Dieu, dit-on aux peuples avec un sang-froid imperturbable; et, à force de le dire et de le répéter, on finit par leur faire croire, et, ce qui plus est, par croire soi-même, que les souverains sont des délégués, voire même des oints du Seigneur. En attendant, c'est le juge Déjocès que le peuple fait roi; c'est Nemrod, l'intrépide chasseur, qui se fait le défenseur des Assyriens; c'est Cadmus et Cécrops qui enseignent les arts et les sciences aux Grecs, et s'en font les chefs; c'est le berger Romulus qui fonde une ville, en ouvre l'accès à des hommes sans profession, et enlève avec eux les femmes sabines ; c'est Clovis qui fonde un État par la conquête; c'est le Novgorodien Gastomisl qui envoie dire aux princes Varia- « gues : Notre pays est grand et abondant, « mais il n'y a point d'ordre en lui. Venez, et « régnez sur nous. »

Le droit divin renversé tant de fois, sans que Dieu y soit intervenu le moins du monde pour défendre son droit, outragé tant de fois par des délégués indignes de lui, sans qu'il ait pris la peine de les châtier; le principe divin de la souveraineté devenant plus que problé-matique, on lui substitue le droit de la force, on prend pour principe du pouvoir le pouvoir lui-même, et on dit que le droit du plus fort est le meilleur. En effet, le pouvoir, la puissance et la force sont des notions identiques et des faits inséparables. La souveraineté se transmet avec la force, et meurt avec elle.

Mais si la souveraineté réside dans la force de fait, elle n'y réside pas toujours de droit, comme lorsqu'il y a abus, usurpation ou conquête. La souveraineté, répartie, soufferte, conservée, modifiée, renversée tant de fois par le peuple, force est de la lui concéder.

En trouvant la souveraineté du peuple, on a cru trouver, dit-on, la pierre philosophale; et pourtant on n'a fait que donner une arme dangereuse au peuple, et sanctifier la révolution. Aussi voudrait-on renoncer à tout ce principe qu'on croit aussi aride qu'abstrait, aussi inutile que dangereux. Mais autant vaudrait-il renoncer à toute perfectibilité humaine, que de briser le seul frein qui retient et corrige les rois. Après Dieu, la raison et la morale sont les souverains suprêmes de ce monde, et elles se révèlent toujours dans les mouvements spontanés et les actes généraux d'un peuple.

Je vois des troupeaux d'hommes menés au gré de quelques bergers plus audacieux et plus rusés que le reste des hommes. Ces troupeaux forment la majorité de la race humaine. Sont-ils heureux? — Ils sont tranquilles! C'est le bonheur des hommes qui sont restés des bêtes, des bêtes qui ne sont pas devenues des hommes. S'ils n'ont pas le sentiment de leur nullité, ils ont parfois celui de leur misère. On peut les plaindre, je ne crois pas qu'on puisse les envier. Ils peuvent ne pas désirer un sort meilleur; mais ceux qui sont sortis de leur état s'effrayent de l'idée seule de l'abjection où ils vivent.

Je vois ailleurs des peuples qui jouissent d'un certain bien-être matériel et intellectuel, et vivent dans l'insouciance du gouvernement qui les régit; où les individus sont absorbés par leurs intérêts privés, et laissent les affaires publiques au soin de ceux qui s'en trouvent les dépositaires. Leur insouciance fait leur sécurité, et leur repos fait leur bonheur. Puissent-ils vivre longtems en paix!

Mais je vois aussi des peuples qui veulent se

gouverner eux-mémes, parce qu'ils se croient et assez grands et assez sages pour cela. Ils pensent que gouverner les hommes est un privilége trop beau pour être accordé à un seul, un fardeau trop lourd pour être porté par un seul. Ils ont vécu; ils ont acquis l'expérience que l'insouciance des affaires publiques compromet le repos individuel, et finit par détruire le bonheur général. Ils veulent leur part de gouvernement; ils l'ont conquise par la force des armes ou par celle de l'esprit; ils la conservent par tous les moyens. Ces peuples sont à l'avant-garde de la civilisation et de l'humanité. Ils ont lutté; ils ont versé leur sang pour des biens qui ne sont pas des chimères. Ils ont résolu plus d'une question de ce monde, mais il leur en reste tout autant à résoudre, et même davantage encore. Sont-ils heureux? Oui, si on les compare à d'autres peuples, si l'on compare leur présent avec leur passé; non, si l'on ne consulte qu'eux-mémes sur leur position actuelle, ou si l'on ne considère que leur avenir.

Oui, parce qu'ils ne voudraient pour rien de l'état des peuples barbares, et que ceux-ci ne demanderaient pas mieux que d'être à leur place, s'ils pouvaient en concevoir les charmes et s'ils savaient s'y maintenir. Oui, quant à leur passé, qui, quoi qu'on en dise, n'a été renversé que parce qu'il était et trop décrépit et trop mauvais; et qu'ils ne voudraient pas reprendre leurs vieux haillons, pas plus que l'homme devenu libre ne voudrait reprendre ses chaînes. Tant qu'un homme est esclave, il peut prendre son état en amour : que de prisonniers ont quitté leur prison en soupirant après l'asile de leur longue infortune ! Il peut, disonsnous, s'habituer au poids de ses fers, quelque lourds qu'ils soient; mais une fois qu'il les a quittés, une fois qu'il a respiré librement, il ne peut rentrer dans les fers. Un peuple ne peut rétrograder sur la voie de la liberté. Mais cette voie faut-il qu'il l'embrasse ?

Les peuples libres, après avoir acquis la conviction qu'ils sont plus heureux que les autres peuples, n'ont pas à rougir devant eux de leurs travers et de leurs imperfections. Ils peuvent et doivent convenir qu'ils ne sont pas heureux, absolument parlant. Mais d'abord il faut faire la part des maux imaginaires. L'imagination est plus développée chez les peuples civilisés; la sensibilité l'est aussi davantage. La souffrance, la douleur réelle font plus d'impression sur eux, et leur esprit grossit les maux ou s'en crée même de faux. Puis, cette même civilisation fait naître plus de besoins qu'il ne peut y en avoir chez des peuples incultes, plus même qu'elle ne peut en satisfaire par les ressources qu'elle crée par elle-même. C'est aussi le faible de l'homme, de toujours être mécontent de son sort et de chercher un mieux. Qui le dirait? il y a des partisans de la tyrannie, même chez les peuples libres!

En ce qui concerne les maux réels, les seuls qui demandent des remèdes, un organisme sain en neutralise les effets et finit par en extirper les germes. La route des amélio-

rations une fois ouverte, s'aplanit aisément,
et les perfectionnements sont plus faciles
que les reconstructions entières. Il ne s'agit
que de les rendre naturels, et les peuples libres
ont déjà beaucoup fait dans cette voie.

Que veulent donc les peuples barbares qui
conspirent contre la liberté, et qui se liguent
contre les peuples libres? — Détruire l'image
qu'ils devraient adorer, et ruiner leur avenir et
leur bonheur! Insensés! ils lèvent les mains
pour déchirer leurs propres entrailles. Non,
elle n'est pas d'hier cette lutte de la tyrannie
et de l'esclavage contre la liberté, elle dure et
durera autant que le monde; et si la liberté ne
doit pas vaincre, puisse-t-elle au moins ne pas
succomber!

Les peuples ont une identité d'intérêts : ce
qui les divise compromet leur cause, la cause
de la civilisation est celle de l'humanité; elle
est une et indivisible. Toutes les autres viennent y affluer, et toutes les questions viennent
s'y résoudre. La nationalité y disparaît, la ri-

chesse et la liberté s'y rallient forcément. Question slave ou germanique, question d'Orient ou question du droit de visite, tous ces débats n'ont de prix qu'autant qu'ils ont du rapport avec la civilisation.

On a trop souvent dit que la barbarie ne saurait vaincre la civilisation; et cela disant, la civilisation se berce de l'idée de sa force et s'endort dans l'insouciance, tandis que la barbarie aiguise et apprête ses armes. Elle se donne même les lumières nécessaires pour assurer sa conquête matérielle, tout en rejetant celles qui pourraient compromettre les conditions de son existence.

La France est à la tête de la civilisation : la sienne seule est apte à se répandre dans le monde et à s'inoculer dans toutes les nations. La France a une grande et belle mission à remplir. Les temps sont loin de nous, où l'on guerroyait pour le pouvoir universel. C'est dans les champs de la civilisation que viendront se régler désormais tous les intérêts; c'est au sein de la paix que le sort du monde doit se décider. .

Le cosmopolitisme pointe à l'horizon : le monde a les yeux fixés sur la France. Puisse-t-elle ne pas trahir l'humanité, et rallier sous ses drapeaux tous les partisans du progrès! Sa tâche et sa responsabilité sont immenses, mais sa gloire pourra éclipser dans cette voie toutes les gloires anciennes.

Il ne s'agit pas ici de croisades contre la barbarie : elles pourraient ne pas être plus heureuses que celles qu'on a faites dans la terre sainte. Il ne s'agit même pas de propagande, les lumières se répandent trop facilement d'elles-mêmes; mais bien d'une position digne et énergique, d'une noble résistance contre les empiétements directs ou indirects, prochains ou éloignés, de la barbarie sur la civilisation.

Attendre ce résultat de la France, serait-ce trop augurer de sa puissance?

HISTOIRE

DE LA POLITIQUE.

I.

L'ANTIQUITÉ.

Dans l'INDE, le peuple était divisé en quatre castes : 1° les prêtres, les bramins ou descendants de Brama; 2° les guerriers; 3° les agriculteurs et négociants; 4° les ouvriers et les serviteurs.

Plus tard, des mélanges des différentes castes, il en résulta une cinquième, celle des vilains. Elle comportait plusieurs distinctions et subdivisions, dont la moins méprisée était celle qui provenait de la cohabitation des hommes de la première caste avec les femmes de la seconde, et la plus mal famée celle qui descendait des hommes de la quatrième caste et des femmes de la première. Elle avait en partage les occupations les plus répugnantes ou les plus difficiles, telles que les fonctions de bourreau et le métier de couvreur. Les hommes des castes pures devaient éviter la rencontre de ces individus, et étaient exclus de leur caste s'ils entretenaient avec eux des rapports.

Les professions étaient strictement distinctes pour chaque caste. Un homme d'une caste supérieure pouvait au besoin exercer le travail dévolu à une caste inférieure, mais le fait contraire ne pouvait avoir lieu: nul individu de la basse classe ne pouvait s'adonner au travail assigné aux castes supérieures.

Le fanatisme et la religion, la force et la différence des races, semblent avoir présidé à l'établissement de ces castes. La première a été plus blanche que les autres, et les nègres ne faisaient partie que de la caste impure.

Les droits des prêtres étaient exorbitants. L'exil était la seule peine qu'on pût leur infliger pour les plus grands crimes, tandis qu'un homme de la quatrième caste qui se serait permis de s'asseoir sur le tapis d'un bramin aurait été banni de son pays. Il était défendu aux prêtres de respecter un roi qui eût été originaire d'une caste inférieure.

Dans chaque commune ou village, on cultivait la terre en commun, et, sur les revenus, on soldait, outre les fonctionnaires publics, les ouvriers et les artistes, tels que le médecin, le poëte, le musicien et la danseuse du village.

En ÉGYPTE, outre les quatre castes des Indiens, il y en avait trois particulières : celle des interprètes qui servaient aux rapports avec les étrangers, celle des bateliers et celle des gardeurs de porcs; cette dernière était la caste infâme.

Le territoire appartenait au roi et aux prêtres; les guerriers recevaient des terres en culture, et les agriculteurs ne pouvaient qu'affermer ou soigner les terres d'autrui. Les occupations comme les castes étaient héréditaires, et la peine de mort attendait celui qui n'en avait pas. — La forme du gouvernement égyptien était une monarchie limitée par le sacerdoce, qui prescrivait au roi ses devoirs privés et publics.

En Perse, le despotisme était dans toute sa force. Le roi y était le dieu de la terre; mais comme tel, il était soumis aux ministres de la loi divine, aux mages qui formaient son grand conseil. Des provinces entières étaient affectées à chaque besoin particulier du roi. L'Éolie fournissait son pain, le désert d'Ammonium son sel, le Chalybon son vin. Les gouverneurs et les employés avaient pour appointements les revenus des provinces ou des terres qui leur étaient assignées. Les grands fonctionnaires de la cour étaient les membres du roi, et s'appelaient *ses yeux et ses oreilles*. Les favorites de son nombreux harem étaient toutes-puissantes. — Quand on s'approchait du roi, il fallait retenir son haleine comme chose impure. — La division décimale était en vogue : le peuple comme l'armée était divisé en dizaines, centaines, milliers, etc., et ces catégories avaient chacune un chef particulier.

En Grèce, la tyrannie ne pouvait prospérer; la nature même du pays s'y opposait. Dans les premiers temps, les fondateurs des États, les civilisateurs et les héros furent investis du pouvoir suprême, et le transmirent à leurs fils; mais la position naturelle du pays et les progrès de la civilisation mirent bientôt fin à leur domination. La vie des petites cités rapproche les hommes, les unit, les égalise; et les Grecs aimaient trop la liberté et l'égalité pour reconnaître au-dessus d'eux un autre pouvoir que celui de la loi. Aussi les législateurs remplacèrent-ils bientôt les tyrans.

A Sparte, l'État absorbait tout, la société, la famille et l'individu. Tous les biens étaient publics; la femme et les enfants appartenaient à l'État: il mariait celle-là et élevait ceux-ci. La force corporelle était le but principal de toute l'organisation publique. Les citoyens étaient égaux, et s'assemblaient en corps pour débattre les mesures qu'on leur proposait, et pour nommer aux différents emplois de la république. On votait par acclamation. Une commission sous le nom de *gerusie*, composée de vieillards sexagénaires, était chargée de préparer les questions que l'on portait devant l'assemblée générale du peuple. Celle-ci se réunissait à l'époque de la pleine lune, et en plein air.

Les rois de Sparte avaient pour tout privilége une portion double aux festins, la peau et le dos des victimes offertes en sacrifice; au sénat, leur voix comptait pour deux : encore Thucydide révoque-t-il en doute cette dernière assertion d'Hérodote. A la guerre, la place la plus périlleuse leur revenait de droit; à leur mort, deux hommes parcouraient les rues, couverts de boue, et tout le monde s'écriait que le roi mort était le meilleur des rois.

Lorsque les mœurs devinrent plus dissolues, on institua le corps des éphores, qui furent chargés du contrôle des fonctionnaires et de la censure des mœurs. Mais il vint un temps où l'intérêt individuel rompit cette digue artificielle et prit le dessus sur l'intérêt général. Alors l'édifice de Lycurgue s'écroula tout entier.

A Athènes, les rois paraissent avoir été limités dans leur pouvoir, dès leur origine, par les nobles et les communes, qui jusqu'à Thésée furent au nombre de douze. L'an 1068, les rois furent remplacés par des archontes héréditaires, qui devinrent électifs l'an 714; en l'année 684 leur nombre fut porté à neuf.—Solon fut appelé à organiser l'État, alors que les nobles et les riches pesaient sur les pauvres. Solon facilita à ceux-ci les moyens de s'acquitter; mais, loin de renverser le principe de la naissance, il ne fit que consolider celui de la richesse. Il divisa le peuple en quatre classes, d'après les revenus. La première devait avoir au moins six cents médimnes, la seconde trois cents, la troisième cent cinquante, et la quatrième comprenait ceux qui avaient moins. Les archontes ne pouvaient être que de la première classe; le conseil des quatre-cents n'était composé que des membres des trois premières classes.

Le droit de cité s'acquérait par naissance et par concession, mais les naturalisés ne pouvaient devenir ni archontes ni prêtres. L'infamie entraînait la privation des droits civiques. L'assemblée du peuple réunissait en elle le pouvoir législatif, le pouvoir judiciaire et le pouvoir exécutif. Les magistrats étaient tous électifs et responsables. Le conseil des quatre-cents était un corps intermédiaire entre le peuple et les magistrats. Il élaborait les affaires à soumettre à l'assemblée générale, et conseillait les archontes. L'aréopage était le tribunal suprême en matière de crimes et de police; ses membres étaient nommés à vie.

Plusieurs institutions, en Grèce, servaient de lien commun à la vie éparse des différents États. Les jeux olympiques entretenaient des rapports fréquents et pacifiques parmi les peuples. La confédération d'Amphictyon avait une haute portée politique.

L'assemblée amphictyonienne résidait à Thermopyle, et plus tard à Delphes. Dans le principe elle se composait de douze peuples; ce nombre s'accrut au point que, du temps des Romains, on comptait trente peuples confédérés. Chaque membre principal avait deux voix, et était représenté par trois *pylagores*. Les assem-

blées se tenaient deux fois par an, au printemps.
et en automne. Leur but était d'assurer les
trésors sacrés de Delphes et l'existence réciproque de chaque État confédéré. On s'obligeait
par des serments terribles à ne pas s'entre-dé-
truire, et, en cas de guerre, à ne pas détourner
les eaux des villes de la fédération. Mais on
viola plus d'une fois ces serments, et l'importance de l'assemblée déchut de plus en plus;
tellement qu'au second siècle de notre ère, le
pouvoir des amphictyons se bornait à décer-
ner des couronnes dans les jeux publics.

La *fédération d'Étolie* s'assemblait tous les
ans à Thermes, à l'équinoxe d'automne, sous
la présidence d'un *stratége,* que la réunion
choisissait parmi les *apoclètes,* qui formaient
un collége administratif.

La *fédération achéenne* se composait de douze
villes, et avait sa résidence à Helike. Après
la dissolution de la ligue par les Macédoniens,
elle fut transportée à Ægium. L'assemblée avait
lieu deux fois par an. Un conseil de dix mem-

bres préparait les affaires qui devaient être soumises à l'assemblée générale, et était présidé par deux stratéges, dont l'un fut remplacé plus tard par un *hipparche*.

Athènes et Sparte étaient chacune à la tête d'une confédération. Celle d'Athènes fut organisée à la suite de la guerre contre les Perses; elle était maritime. Elle avait un conseil et des agents qui étaient athéniens; elle se réunissait à Délos, où se trouvait aussi la caisse fédérale, qui fut plus tard transportée à Athènes. La ligue dorienne avait Sparte pour chef, et son roi pour général de ses armées. Les affaires extérieures, la guerre, étaient le but principal de l'association; les affaires intérieures de chaque État étaient de la compétence exclusive de son gouvernement; les assemblées générales consistaient dans la réunion des délégués de tous les États.

A Carthage, il y avait deux *souffètes* à la tête de l'État, éligibles à vie et présidents du sénat. On ne référait au peuple que lorsqu'il y

avait désaccord entre le sénat et les souffètes.
Le sénat se divisait en deux parties. Il y avait
en outre les cent, chargés de la haute justice.
Les charges étaient vénales, mais les titulaires
ne recevaient pas de rétribution; ce qui fit de
la classe des fonctionnaires une noblesse très-
influente.

La royauté de Rome fut élective, et limitée
par le sénat et le peuple. L'élection des rois se
faisait par le sénat avec l'approbation du peuple, et leur pouvoir se bornait à rendre la justice et à commander les armées. Le sénat était
investi du pouvoir législatif et du pouvoir
exécutif. Il se composa d'abord de cent membres, divisés en dix décuries; mais, à la réunion
des Sabins et des Étrusques, il s'accrut de deux
cents membres pris dans chacun de ces peuples,
et s'éleva ainsi à trois cents sénateurs, divisés
en trente décuries. Les *premiers* de chaque
décurie étaient appelés au pouvoir durant les
interrègnes, chacun à son tour, jusqu'à l'élec-

tion du nouveau roi qu'ils faisaient en commun.

Servius Tullius modifia cet ordre de choses. Il éluda son élection au trône, et se dessaisit de la juridiction civile. Outre la division en tribus et curies, il divisa le peuple en classes et centuries, selon les revenus de chacun, et donna une voix à chaque centurie, ce qui fit passer la décision des affaires entre les mains des plus riches.

La république ne changea d'abord à Rome que les rois, en les remplaçant par les consuls. Il y en eut deux, et leur pouvoir ne durait qu'une année. L'an 501 av. J. C., à l'occasion de la guerre avec les Latins, fut créée la charge du dictateur, qui égalait le pouvoir royal, mais qui ne devait durer que six mois.

Le sénat avait la disposition de tous les emplois, y compris celui des consuls, la propriété presque exclusive du territoire, et l'exemption des impôts. Les plébéiens n'avaient que des dettes, qui les mettaient à l'entière disposition des nobles. Tant que Tarquin vécut et suscita

des ennemis à Rome, les patriciens eurent intérêt à ménager les plébéiens ; mais, le danger
à peine passé, les prisons s'emplirent de dé-
biteurs. Poussé à bout, le peuple se réfugia
sur le mont Sacré, et ne rentra dans la ville
qu'après s'être donné des *tribuns* qui devaient
le protéger et surveiller les magistrats, et des
œdiles qui furent chargés de pourvoir à la
subsistance publique (493 avant J. C.). Mais le
sénat sut paralyser cette institution : en corrom-
pant la majorité du collége des tribuns, il le
rendit docile à ses projets. L'an 481, les plébéiens parvinrent à s'assurer l'élection d'un
consul parmi les patriciens. L'an 471, Publius
Valérius fit obtenir au peuple le droit d'élire
ses magistrats. L'an 457, le nombre des tribuns
fut porté de cinq à dix, et le sénat en eut désormais un nombre double à corrompre.

Afin d'assurer au peuple une part dans le pouvoir judiciaire, qui se trouvait entièrement entre
les mains des patriciens, les tribuns instituèrent,
l'an 451, les *décemvirs*, appelés à faire une nou-

velle législation. Ils eurent un président, qui s'appela *custos urbis;* toutes les autres charges furent suspendues pendant l'année que devait durer leur mandat. Les lois qu'ils allaient promulguer devaient être adoptées par le peuple concurremment avec le sénat. Les décemvirs voulant perpétuer leur pouvoir, traînèrent les lois en longueur, et se firent conserver pour l'année suivante. Appius Claudius s'empara de la suprématie, et en usa en tyran. Il fallut une autre Lucrèce pour renverser cet autre Tarquin.

Les décemvirs furent abolis, mais leurs lois conservées. Suivant ces lois, l'élection des consuls passa aux plébéiens, sous la condition de n'être appliquée qu'aux sénateurs; la juridiction criminelle fut également confiée au peuple.

L'an 444, furent autorisés les mariages des plébéiens avec les patriciens, et on institua les *tribuns militaires,* qui devaient alterner avec les consuls, et pouvaient être élus parmi les plébéiens. En même temps on créa les *censeurs,* dont la charge fut autant d'enlevé aux consuls.

L'an 420 av. J. C., le nombre des questeurs fut élevé à quatre; leur charge devint accessible aux plébéiens l'an 408, et les questeurs en sortant de charge furent admis au sénat, qui s'ouvrit ainsi au peuple. Bientôt même les censeurs eurent la faculté de compléter le sénat par des plébéiens. L'an 366, la charge de consul devint accessible au peuple. De cette manière la plupart des fonctions tombèrent à la disposition des plébéiens, et leur fusion avec les patriciens s'opéra complétement.

Restait la réforme matérielle et économique; car tant que les richesses étaient à la disposition des nobles, l'indépendance du peuple n'était qu'apparente; les votes appartenaient aux riches. Tibère Gracchus se chargea de réformer la propriété, et rappela une partie de la loi de Licinius. Il voulut qu'on fixât à cinq cents *jugères* le maximum de la propriété foncière, et que le surplus fût distribué aux pauvres.

Cette révolution échoua, et sa réaction fut terrible. La liberté s'abîma dans cette nouvelle lutte. Les nobles, réduits à défendre ce qui leur restait de plus cher, eurent recours aux moyens désespérés. Les Gracques y perdirent la vie; tous les partisans du peuple eurent un sort affreux. Marius fut terrassé par Sylla, et avec lui échoua la cause populaire. Tout ce qu'elle avait conquis en tant d'années fut perdu tout d'un coup. La noblesse et le peuple se détruisirent l'un par l'autre; le pouvoir ne repassa pas du peuple aux patriciens, mais les uns comme les autres furent soumis au joug des tyrans. César cumula toutes les charges, et régna en maître. Il fut dignement continué par Octave. Auguste épura le sénat, et le rendit une arme docile à ses plans; il dépouilla le peuple du reste de ses droits, et amena le régime militaire en instituant la garde prétorienne. Le crime de lèse-majesté, avec ses dignes acolytes, la délation et la confiscation, apparut sous l'empire. La couronne était élective : l'empereur en disposait à sa mort ; faute de quoi, le sénat lui nommait un successeur. Les légions s'en emparèrent plus tard, et la mirent même à l'enchère. Le principe de l'élection présenta tous les caractères du désordre et de la tyrannie. Les souverains disparaissaient et se remplaçaient par la violence ; parvenus au trône, ils rivalisaient de cruauté, et abusaient d'un pouvoir auquel ils n'étaient pas préparés. Le culte des empereurs avait remplacé le culte des dieux ; les vertus républicaines avaient disparu avant même la république, et le vice devint si grand que les bons souverains ne purent y remédier : Dieu seul pouvait sauver le monde.

II.

LE MOYEN AGE.

———

La force était chez les Germains la base et la mesure du droit, comme aussi le secret de l'organisation sociale. Le plus fort, celui qui protégeait le plus de monde, était roi, et sa race était la plus noble comme la plus puissante. Le plus faible, celui qui n'avait aucun moyen d'attaque ni de défense, n'avait ni droits ni libertés, ni le droit d'outrage, ni le devoir de la vengeance ; il ne pouvait que s'abriter sous la protection du plus fort, et son droit se mesurait alors sur celui de son maître. Les égaux en force étaient égaux en droits ; c'étaient les hommes libres par excellence, et ils formaient l'État proprement dit. On ne songeait à maintenir la paix qu'entre eux, parce qu'ils avaient seuls les moyens de la violer ; car, malgré tout, le but de l'État était la paix, quoique la guerre fût l'ordre constant. La force des armes était la seule puissance à laquelle on appelât en justice, même contre son souverain, la Providence étant censée régler le sort des combats. Au besoin, on invoquait celle-ci plus directement encore par l'épreuve du feu. Chacun était le seul redresseur des torts dont il avait à se plaindre.

Quand les Germains, dans leurs migrations, avaient pris possession d'une terre, ils la dédiaient à un de leurs dieux, et la soumettaient au prêtre, qui devenait le juge suprême du canton, et le chef des assemblées du peuple. A côté de cet établissement principal, il s'en formait parfois d'autres qui lui étaient subordonnés dans l'administration du culte et de la justice. Dans le cas où l'émigration était conduite par un seul homme, il en était le chef naturel, et devenait le seul propriétaire de la terre dont on prenait possession. Seul il avait le droit de bâtir un temple, et seul il distribuait les terres à ses compagnons ou vassaux.

Lorsqu'un État se formait par la conquête, le pays se partageait entre le chef de l'armée, ou le roi et sa suite, et recevait une organisation militaire; les chefs des différents corps d'armée devenaient les gouverneurs des différents comtés. Le roi avait la plus grande part du territoire, et ses compagnons d'armes recevaient des alleux.

De même que les anciens prélats visitaient leurs évêchés, ainsi les rois, aussitôt après leur intronisation, suivis de leurs magnats, dans des chars attelés de bœufs, faisaient le tour de leur pays, et y rendaient la justice.

Le roi devenait le grand prêtre, et les prêtres

devenaient de grands vassaux ; ils avaient en propre les terres de leur église, y exerçaient la juridiction, et concouraient à la formation de l'armée du roi.

Dès l'origine, nous trouvons à la cour des rois francs les charges romaines et germaniques de trésorier, de connétable, de sénéchal, etc. Avec l'agrandissement de l'État et la multiplication des affaires, furent instituées les charges de *comtes du palais*, de *majordomes* et de *référendaires*. Les premiers remplaçaient le roi aux tribunaux, les seconds étaient les chefs de sa suite, et les troisièmes référaient au roi de toutes les affaires principales du royaume. Les majordomes acquirent bientôt une telle importance, qu'ils exercèrent une grande influence même sur l'élection des rois ; et comme la leur propre dépendait des nobles et des prêtres, ces deux ordres eurent par là même beaucoup de poids dans les affaires publiques. De simples employés du palais, les maires se firent chefs de l'armée ; et leur charge devint bientôt perpétuelle et héréditaire, de temporelle et élective qu'elle était dans le principe. Ils cons- tituèrent alors un pouvoir à part dans l'État : égaux aux rois, ils furent bientôt plus puis- sants qu'eux, et absorbèrent la royauté. Sous leur domination, les rois *fainéants* et *chevelus* n'étaient que des fantômes de rois, qui vivaient avec leurs concubines, sur une pension que leur faisaient les maires.

Les *comtes* formaient les *placita regis*, qui conseillaient les rois dans les mesures législa- tives. Au huitième et au neuvième siècle, les ordres formaient des assemblées générales qui se tenaient tous les ans deux fois ; le peuple était consulté sur les capitulaires adoptés par le clergé et les nobles. Le clergé était le plus important de ces deux ordres ; sa puissance séculière était souveraine dans les évêchés ; les prêtres possédaient seuls la puissance intel- lectuelle, et leur autorité religieuse, habilement secondée par le pape, venait renforcer leur pouvoir politique.

Le sacerdoce présentait un caractère démocratique très-marqué, et a exercé une influence salutaire sur la liberté des peuples. La plupart des moines et des clercs étaient issus de la classe inférieure du peuple, dont ils conservaient les principes, en les relevant par les lumières qui étaient le partage exclusif du clergé au moyen âge. Les fonctions ecclésiastiques étaient électives, et on voyait fréquemment des hommes d'une basse extraction s'élever jusqu'à la papauté. Le petit clergé faisait de l'opposition aux suzerains, la papauté en faisait à la royauté, plus ou moins au profit du peuple. Le sacerdoce était séparé du pouvoir temporel; il le réprimait et le tempérait.

La religion chrétienne était le seul lien commun entre les peuples du moyen âge, et, dans les mains habiles des papes, ce lien devint bienfaisant sous plus d'un rapport. C'est surtout à la fin du onzième siècle, sous le pontifical de Grégoire VII, que la papauté atteignit le faîte de son pouvoir. Les rois et princes étaient pour ainsi dire les vassaux du saint-siége, auquel ils payaient une dîme; et l'empereur était son capitaine. Les papes intervenaient dans les affaires intérieures des États, et décidaient leurs querelles extérieures. C'est ainsi que la *tréve de Dieu* fut leur œuvre, et que les croisades reçurent de Rome leur principale impulsion.

Cependant la féodalité s'organisait. Elle morcela le pouvoir, et l'affaiblit en le divisant au profit de la noblesse, mais au détriment du bon ordre. Elle éleva la dignité personnelle des nobles, au préjudice des esclaves et des serfs. Elle détruisit les assemblées générales, les vassaux ne voulant plus obéir aux rois, et constitua ainsi des États fédératifs.

Lorsque, en France, les rois de la troisième race s'avisèrent de faire sacrer leurs fils de leur vivant, ils détruisirent l'élection, introduisirent l'hérédité du trône, et portèrent le premier coup à l'aristocratie, en lui enlevant la disposition de la couronne.

Au onzième et au douzième siècle, les bourgeois, préférant le poids de l'armure au joug de la féodalité, prirent les armes contre leurs oppresseurs, et se constituèrent en communes.

La juridiction passe alors de la campagne aux villes, des comtes ou des évêques aux *vicomtes*. En Italie, les vicomtes émanaient des évêques ; mais ils furent bientôt remplacés par les consuls, qui en étaient indépendants. Dès 1125, on trouve deux espèces de consuls en Italie : *consules communis* et *consules de placitis*. Les premiers avaient l'administration de la police, les seconds étaient chargés de la juridiction des communes. Cette organisation fut imitée en Allemagne, où les *consules communis* s'appelèrent des *proconsuls* ou des *bourgmestres* ; et en France, où les vicomtes et les baillis, qui étaient à la tête des échevins et des pairs, furent remplacés par des *jurés*, présidés par un *maire*.

A la fin du douzième siècle, à la suite des guerres avec l'Empire, le peuple s'empara définitivement des droits de la bourgeoisie dans les villes de l'Italie, et se constitua en une classe particulière, sous les ordres des *capitaines*, des *anziani delle arti* ou des *gonfalonieri*. Dans les moments de danger, les maîtrises appelaient un seigneur étranger à leur tête.

C'est ce qui eut lieu à Florence en 1250, à la suite de la révolte des bourgeois contre les Gibelins. La confédération revêtit le nom de *popolo*, et se donna un *capitano del popolo* dans la personne d'Uberto de Lucques, avec un conseil de douze anciens, et sous douze bannières (gonfaloni).

A Gênes, il y avait huit compagnies ou huit corporations, dont une moitié appartenait à la ville, et l'autre au bourg, avec trois *consules communis* pour chaque quartier. Les compagnies distribuaient à leurs membres les fonctions publiques ; le pouvoir exécutif et le pouvoir judiciaire étaient entre les mains des podestats. Cette organisation détruisit l'ancienne noblesse, mais en introduisit une autre à sa place, celle de la richesse et des emplois publics. Elle s'appela à Florence le *popolo grasso*; c'étaient les *grandi* de la bourgeoisie ; les marchands de draps y jouaient le principal rôle. A Pise, les gouverneurs des pays conquis devinrent de véritables potentats, et surent même parfois transmettre leur pouvoir à leurs enfants. En 1218, on institua, à Gênes, *le collége des Huit*, un membre pour chaque compagnie. Les citoyens influents des communes formèrent le *consiglio generale*, et l'assemblée du peuple s'appela *la concio generalis*; on lui soumettait les décisions prises dans le collége.

A Venise, on avait soin de ne porter devant le grand conseil ou l'assemblée du peuple que des projets pour lesquels on était assuré de son assentiment, ou qui ne pouvaient s'en passer, tels que les demandes d'impôts. On prenait à cet égard, à l'avance, des informations auprès des hommes qui avaient de l'influence sur le peuple; ils s'appelaient *les pegadi*. Le *conseil des Six*, présidé par le doge, avait l'initiative dans toutes les affaires publiques. Le *collége des Quarante* était un corps intermédiaire entre le grand conseil et celui *des Six;* il délibérait sur les propositions de ce dernier, et avait à sa tête trois *capi*. Le grand conseil désignait le magistrat qu'il chargeait de l'exécution de ses décrets, et le prenait dans l'un des deux premiers conseils, ou bien il en chargeait le doge lui-même. A toutes ces limites du pouvoir du doge se joignait encore l'influence du clergé, dont le patriarche avait une haute importance.

En ANGLETERRE, les rois bretons étaient électifs, et les rois saxons devaient soumettre leurs lois à l'*assemblée des sages*, composée des évêques et des seigneurs, et même à une assemblée du peuple. — Après la conquête, la succession au trône ne fut pas établie d'une manière fixe. Le principe de l'hérédité s'y combattait avec celui de l'élection. Le frère et le fils, l'aîné et le cadet avaient des droits égaux au trône, et le conseil national disposa plus d'une fois de la couronne : c'est ce qu'il fit en faveur d'Étienne, de Mathilde, de Henri II. Mais à l'avénement de Jean sans Terre, le droit électif du conseil national fut posé en principe. La lâcheté et la débauche de ce roi amena la *guerre des barons*, qui eut pour résultat la *grande charte* promulguée le 19 juin 1215. Les impôts ne devaient plus être prélevés sans l'autorisation du conseil. Aucun homme ne pouvait être incarcéré ou puni sans avoir été jugé par ses pairs.

Les violations de cette charte par Henri III amenèrent l'institution des *quatre barons conservateurs de la liberté de la nation*, et assurèrent au parlement l'élection de plusieurs hauts fonctionnaires, entre autres celle du chancelier et du grand justicier. L'an 1258, le parlement d'Oxford fit les *provisions d'Oxford*, qui remirent le gouvernement à vingt-quatre barons, dont douze étaient élus par le conseil du roi, et les douze autres par le parlement. Le parlement devait s'assembler trois fois par an, et chaque comté s'y faisait représenter par un chevalier.

L'an 1265, le parlement de Londres se composait de deux chevaliers pour chaque comté, de deux citoyens pour chaque ville, et de deux bourgeois pour chaque bourg; ce qui démontre à cette époque l'admission du tiers état à la représentation nationale.

Sous le règne d'Édouard II, le parlement statua que le roi ne pourrait ni quitter le royaume ni faire la guerre, sans le conseil de ses barons; il alla même jusqu'à déposer le roi, comme incapable.

————

III.

HISTOIRE MODERNE.

On assigne plusieurs causes à la réforme.
Les uns l'attribuent à l'émancipation des idées,
d'autres aux abus de l'Église catholique, et
d'autres encore à des intérêts purement matériels. Il serait plus rationnel, peut-être, de considérer le développement des idées comme
l'effet plutôt que comme une cause de la réforme. Quant aux abus de l'Église romaine, ils
étaient portés à leur comble, et n'ont certes
pas peu contribué à justifier et à alimenter le

soulèvement contre elle. Les intérêts particuliers enfin, toujours vigilants et partout présents, sont venus se blottir derrière la réforme, et l'utiliser à leur profit. La réforme flattait les intérêts mondains; elle déclarait la possession territoriale inutile au sacerdoce, et faisait par là entrevoir aux nobles la perspective d'augmenter leurs fiefs. Elle se présentait au clergé sous un aspect séduisant, en abolissant le célibat et la vie monastique, devenus l'un et l'autre trop lourds. Quant à l'empereur lui-même, à Charles-Quint, chez qui la diversité des plans tenait à l'incertitude plutôt qu'au génie, au lieu de se faire le chef moral de l'Église, il préféra n'en être que le chef matériel, l'instrument du pape; et il se fit ennemi de la réforme.

Tout en renforçant le pouvoir séculier, qu'elle rendit indépendant du pouvoir religieux, la réforme l'ébranla dans ses fondements. L'esprit d'opposition passa de l'Église dans l'État, et se prit à son tour à l'autorité temporelle. Celui qui abolissait la papauté ne pouvait pas respecter la royauté. Les écrits de Luther se remplissaient d'attaques cyniques contre l'empereur et les princes, lorsqu'ils venaient entraver ses réformes. Le peuple le servit à souhait, et dépassa même ses intentions : le droit traditionnel fut disputé à la féodalité comme il l'avait été à l'Église.

Sous le prétexte de défendre l'Évangile, les paysans se soulevèrent contre les comtes et les évêques en Souabe et en Franconie, puis sur les bords du Rhin et au Schwartzwald. Leur insurrection gagna la Thuringe, la Hesse, et s'étendit même jusqu'à la Suisse. Ils pillèrent une quantité de châteaux et de couvents. Sous les ordres de Götz de Berlichingen et de Hipler, ces nouveaux croisés, sous le nom de « l'union chrétienne, » commirent des excès de tout genre, jusqu'à ce qu'enfin ils furent battus à Königshofen, et puis détruits entre Sulzdorf et Ingolstadt. Luther avait beau condamner tous ces désordres, Münzer outra son enseignement, et compromit son autorité en poussant l'excès

jusqu'à dire qu'on ne pouvait obéir à deux
maîtres à la fois : à Dieu et au roi. Il alla même
jusqu'à demander la communauté des biens.
Il paya de sa tête, ainsi que son disciple Pfeif-
fer, l'essai de cette nouvelle réforme qu'il avait
tenté d'établir à Mühlhausen. Joignant l'exemple au précepte, Luther se maria à l'ex-reli-
gieuse Catherine de Bora; et Zwingli, le réfor-
mateur de Zurich, suivit son exemple.

Après qu'on eut inutilement épuisé tous les
moyens de discussion, les foudres du Vatican
se trouvant aussi sans effet, on eut recours à la
force des armes. Charles-Quint subjugua facilement toutes les terres de l'union de Schmal-
kalden; mais Moritz de Saxe ayant embrassé
la cause de la réforme, parvint à la faire reconnaître, et pacifia les partis pour un certain temps.
Le traité de Passau, de 1552, assura aux protestants la liberté du culte; et la paix religieuse
d'Augsbourg, en 1555, érigea en lois les droits
de la réforme.

En Allemagne, la réforme porta un coup

mortel au régime impérial; elle constitua l'indépendance des princes, et agrandit leurs domaines aux dépens du clergé. Le catholicisme lui-même se ressentit de l'influence de la nouvelle doctrine, et reconnut ce dogme de Luther, que la foi seule dans le Christ était le principe de la délivrance des âmes. La cour du pape fut réformée; on remédia aux abus du sacerdoce, et l'on consolida enfin la liberté de la pensée.

De l'Allemagne, la réforme s'étendit aux pays limitrophes, et ébranla l'Europe entière, à l'exception de l'Italie et de l'Espagne, ces foyers du catholicisme; encore l'Espagne fut-elle mêlée en première ligne aux guerres qui en résultèrent. Partout la réforme religieuse fut le début des réformes politiques.

En Suède, Gustave Vasa la fit volontiers triompher, la séquestration des biens des évêques présentant une ressource financière d'une grande importance. En même temps (1527), elle se propageait dans le Danemark, sous Frédéric Ier; en 1525, Albrecht de Brandenbourg l'introduisit en Prusse, et constitua son pays en duché héréditaire, sous la dépendance de la Pologne.

En Angleterre, Henri VIII vit dans la réforme le moyen de satisfaire ses volages amours, et de répudier ses femmes à mesure qu'il s'en dégoûtait; il vit dans le renversement du pouvoir papal le moyen d'augmenter sa puissance, et dans l'expropriation du clergé celui de s'enrichir lui-même. Continuée par son successeur Édouard VII, l'œuvre de la réforme fut retardée par Marie, puis irrévocablement rétablie par Élisabeth.

En France, la réforme, introduite par Calvin, ensanglanta le pays, et, servant les rivalités des Bourbons et des Guises, fit naître neuf guerres consécutives qui durèrent plus de trente années, et mirent la royauté à deux doigts de sa perte, jusqu'au jour enfin où Henri IV pacifia le royaume par l'édit de Nantes (13 avril 1598).

Dans les Pays-Bas, qui avaient passé à l'Autriche par suite du mariage de Marie de Bour-

gogne avec Maximilien de Habsbourg, la noblesse ruinée, les *gueux*, comme ils se sont appelés eux-mêmes, nom qu'ils surent illustrer
au point d'en être fiers, virent dans les troubles de la réforme un moyen de réparer leur
fortune. Secondée par la faiblesse de Margue-
rite de Parme, par le terrorisme d'Alba, la révolution prit des formes colossales, surtout
lorsque l'impôt du dixième denier révolta les
commerçants, et les poussa à soudoyer la
guerre. La jalousie de l'Angleterre à l'égard de
l'Espagne amena la guerre entre ces deux pays,
et eut pour résultat la reconnaissance de la confédération des Pays-Bas.

En Allemagne, la paix ne fut qu'apparente
et de peu de durée. Les germes de la discorde
fermentaient toujours, et finirent par éclater
dans les désordres de la Bohême. Les réformés
ne jouissant pas encore de droits égaux à ceux
des protestants, se soulevèrent, et provoquèrent
l'intervention armée de l'Autriche, qui, à la
mort de Charles-Quint, s'était séparée de l'Es-

pagne, et était passée à son frère Ferdinand Ier. L'Europe entière prit part à cette guerre : ce fut d'abord Christian VII de Danemark, puis Gustave-Adolphe de Suède, qui se firent les chefs des réformés.

A la paix de Westphalie (1648), la réforme fut enfin reconnue complétement ; la républi-que des Pays-Bas et les droits des États allemands y furent également confirmés, et l'équilibre politique fut de nouveau rétabli. La France y gagna l'Alsace, la Suède la Poméranie, les États allemands leur indépendance.— Le congrès de Régensbourg (1663) régla définitivement les rapports intérieurs de l'Allemagne. La puis-sance de l'empereur fut presque annulée; celle des princes au contraire y gagna considérable-ment. Partout, à la suite de la réforme, la monarchie se consolida aux dépens du sacer-doce. L'Espagne disparut de la scène politi-que, ou n'y conserva plus qu'un rôle secon-daire. L'empire des mers passa de l'Espagne à la Hollande, puis à l'Angleterre: la Suède se plaça au premier rang; la France devint une monarchie formidable, grâce à Richelieu et à Mazarin. La continuité des hostilités maintint les armées sur le pied de guerre, et la multiplicité des rapports internationaux constitua les ambassades en permanence.

La réforme de la société devait suivre celle de l'Église. Après la révolution des Pays-Bas, vint celle de l'Angleterre. Le mécontentement éclata sous Charles Ier. Le mariage de ce prince avec Marie-Henriette de France lui fit prendre parti pour le catholicisme, et le poussa à la persécution des sectes dissidentes. Les finances se trouvaient alors dans un désordre complet, et Charles, pour les réparer, eut recours à des mesures illégales, à de véritables extorsions; il préleva même de nouveaux impôts sans le consentement du parlement. Celui-ci entendait n'accorder des subsides qu'en retour des droits qui étaient devenus des nécessités, nécessités que le roi ne sut pas comprendre, et devant lesquelles il ne voulut pas plier. Le parlement opposa l'énergie à son opiniâtreté, le droit à son absolutisme, aussi inhabile que révoltant. En vain on le prorogeait, il ne faisait que retrouver de nouvelles forces dans la persécution. Il défendit ses favoris avec succès, tandis que le roi ne sut que se compromettre par la défense des siens. Enfin Charles dut quitter Londres, et le parlement s'arma contre lui. La guerre civile embrasa le pays, et le roi succomba. Jeté en prison, puis traduit devant les communes, il fut décapité le 9 février 1649, et la république fut proclamée, sous le protectorat d'Olivier Cromwell.

Il n'y eut d'aboli que le titre de roi; un tyran remplaça l'autre. Tyran soldatesque et burlesque, Cromwell dut ses succès à son origine populaire plus qu'à ses talents. Au lieu de dissoudre le parlement, comme l'avait fait son prédécesseur, il le fit chasser par ses soldats; puis il désigna lui-même les membres de celui qui dut lui succéder. Mais il sut, d'autre part, pacifier l'Irlande et l'Écosse, faire avorter les entreprises du prétendant, et assurer sur mer la prépondérance de l'Angleterre par son acte de navigation. La mère de Cromwell mourut de crainte pour les jours de son fils, et des chagrins de famille le conduisirent lui-même au tombeau. Il expira le 13 septembre 1658. Son fils Richard hérita de son pouvoir, mais le compromit par son incapacité, et s'aliéna tout le monde par sa légèreté. Le parlement ne sut pas mieux conserver son crédit, et devint l'objet de la risée publique sous le nom de *Rump-parliament.* — Tout était prêt pour la rentrée des rois, et ce fut assez de la déclaration de Bréda, où Charles II promit l'amnistie, pour rétablir les Stuarts sur le trône. On ne s'aperçut même pas qu'il y parlait au nom du bon plaisir royal : et son bon plaisir fut de faire exécuter ceux qui avaient signé la mort de son père; d'enlever, sans aucune indemnité, aux nouveaux propriétaires les anciens biens de la couronne; de renouveler les persécutions religieuses, d'opprimer la presse, de dissiper les fonds de l'État. Tous ces abus provoquèrent de nombreux complots qui avortèrent tous, et furent cruellement expiés ; mais ils poussèrent enfin le parlement à une opposition énergique. Celle-ci força le roi à dissoudre son ministère, si proprement qualifié de ministère de la *cabale*, exclut les catholiques des emplois publics et les fonctionnaires du parlement, et assura enfin la liberté individuelle par l'acte d'*habeas corpus*. Jacques II marcha sur les traces de son frère, réhabilita les catholiques, et tendit au pouvoir absolu. Le parlement le déclara déchu du trône le 22 janvier 1689, et remit la couronne à Guillaume de Hollande, avec des conditions qui firent enfin rentrer le gouvernement dans des voies franchement constitutionnelles. Elles prescrivaient entre autres l'indépendance des élections, et l'impartialité dans la composition du jury.

En attendant, la Russie avait secoué, sous Ivan III (1462-1505), le joug des Mongols, qui

avait pesé sur elle pendant plus de deux siècles
et l'avait retenue dans les liens d'une atroce barbarie, pour se ranger sous le joug de ses czars.
Elle y avait au moins gagné d'être devenue une
et indivisible. Novgorod, ce seul réduit de
la liberté russe, succomba sous les armes du
prince de Moscou. — Ivan IV (1533-1584), dit
le Terrible, souilla le titre de czar par une lâche
et infâme tyrannie.

Dans le petit Dmitry (1591), périt le dernier
rejeton de la famille de Rurik; et la Russie fut
en proie à des troubles intérieurs que ses ennemis ne manquèrent pas d'exploiter à leur
profit, jusqu'à ce qu'enfin le peuple eut remis
le trône à la famille Romanof, le 21 février 1613.

Pierre Ier (1689-1725) ouvrit à la Russie la
carrière de la civilisation, et lui assura, par ses
conquêtes sur les Suédois, une place importante
au congrès européen. Il révolutionna le pays à
l'intérieur, abolit le patriarcat et affaiblit la
noblesse, ces deux éléments d'opposition; mais
il riva aussi les chaînes des serfs, en attachant

au propriétaire ceux que Boris Godounof n'avait attachés qu'à la propriété.

En Pologne, pas plus qu'en Russie, ne se trouvait cette classe moyenne qui, dans le reste de l'Europe, a seule fondé les libertés du peuple. En Russie il y avait despotisme, en Pologne anarchie. En 1572, s'éteignit la race des Jagellons ; et la monarchie devenue élective fut, dans ce pays, la cause d'interminables désordres.

Sous Louis XIV, la France se place, par la guerre, l'habileté politique, et surtout par les lettres, à la tête des États européens; ce fut à la France que les autres pays empruntèrent leur administration publique. Le pouvoir monarchique parvint, sous ce règne, à un tel degré de développement, qu'ensuite il ne pouvait que décroître. « L'État, c'est moi, » avait dit Louis XIV, le fouet à la main. « Le tiers-état, c'est tout, » devait dire un jour Sieyes. — Les hommes s'en vont, les institutions seules restent. Avec Louis XIV disparaissent les Colbert, les Louvois, les Turenne; et l'institution de la monarchie absolue n'ayant pas de racine dans le peuple, pas d'organisation saine et durable, ébranlée par les abus de tout genre, par le délabrement des finances, précurseur inévitable de tout bouleversement, discréditée par l'esprit du xviiie siècle, après s'être traînée sous Louis XV dans l'agonie et le ridicule, s'écroula enfin sous Louis XVI, et ébranla le monde entier par sa chute.

En ce temps, il se passait aux deux extrémités du monde deux faits tout opposés.

Dans le nouveau monde, les colonies anglaises, après avoir fondé un ordre de choses nouveau sur les règles d'une sage politique, s'affranchissaient de la métropole et se constituaient en États fédératifs.

D'un autre côté, la Pologne recueillait les tristes fruits de l'inhabileté de sa politique et des vices de sa constitution. Là, le pouvoir

exécutif voyait ses droits se réduire à chaque
élection par les *pacta conventa* que lui impo-
saient les nobles. Impuissante à réprimer les
factions au dedans, à faire face aux dangers
extérieurs, la royauté élective y devenait le
jouet des puissances étrangères. Les nobles n'a-
vaient d'autre souci que d'opprimer les serfs.
L'esclavage d'une part, de l'autre l'excès de
la licence, la misère à côté du luxe, la barbarie à côté d'une civilisation factice, tels
étaient les éléments discordants de la constitution polonaise. Le *liberum veto*, enfin, était le
digne couronnement de cette œuvre de démence qu'on appela du nom de *démocratie no-
biliaire* : il donnait à chaque nonce le droit de
paralyser et de dissoudre la diète par ces seuls
mots : « Je ne permets pas. » L'intolérance religieuse avait aliéné les alliés les plus naturels
de la Pologne, tels que les Cosaques, qui pas-
sèrent à la Russie. Les puissances étrangères
portèrent le dernier coup à la Pologne, et ache-
vèrent sa ruine en se partageant ses dépouilles.

Cependant la révolution grondait en France. Dans la fameuse nuit du 4 août 1789, l'assemblée nationale avait détruit les restes du régime féodal, aboli les priviléges, et rendu tous les citoyens admissibles aux emplois publics. Le 10 septembre, elle avait décidé que le pouvoir législatif serait composé d'une seule assemblée. Le 21 septembre n'avait laissé au roi qu'un veto suspensif. Le 15 janvier 1790, on avait aboli la division du pays en provinces, centralisé l'administration et institué le suffrage universel. Le 19 décembre 1789 et le 12 juillet 1790, l'assemblée avait privé le clergé de ses propriétés, et changé le sacerdoce en une magistrature salariée, et assujettie au pouvoir temporel. Le 19 juin 1790, elle avait proscrit les titres et les armoiries.

« La constitution, avait dit Mirabeau, est trop démocratique pour une monarchie; pour une république, il y a un roi de trop. » Frappée d'inertie, la royauté languit quelque temps dans l'impuissance, et l'anarchie régna à sa place.

« Les Parisiens, disait Vergniaud, ne sont plus esclaves des tyrans couronnés; mais ils le sont des hommes les plus vils, des plus détestables scélérats. »

Le 21 septembre 1792, la Convention nationale proclama l'abolition de la royauté, et le 21 janvier 1793, Louis XVI fut décapité. L'assemblée avait décrété, le 19 novembre 1792, qu'elle accorderait secours et fraternité à tous les peuples qui voudraient recouvrer leur liberté. Ces événements soulevèrent en masse l'Europe monarchique contre la France.

La Convention déploya une énergie rare et une persévérance à toute épreuve ; elle triompha de la coalition à l'extérieur, de l'insurrection à l'intérieur, et dota la France du Rhin et de la Belgique; mais se souilla par une tyrannie qui discrédita la république. « Dans deux mois, « a dit Lanjuinais, on a fait plus d'arresta- « tions arbitraires que sous l'ancien régime en « trente ans. » Durant les jours de la terreur, cent mille hommes gémissaient dans les prisons.

Le tribunal révolutionnaire seul envoya deux mille six cent soixante-neuf personnes à l'échafaud. Les neuf dixièmes des habitants de Paris étaient dans les suspects. L'intolérance politique dépassa en cruauté l'intolérance religieuse, et la loi des suspects surpassa en cruauté la loi de lèse-majesté; les Marat, les Danton, les Robespierre se posèrent les égaux des Néron, des Caligula, des Héliogabale. Des villes entières furent la proie de la terreur; Fouché dévasta Lyon par la poudre et le plomb, Carrier noya Nantes. La démence alla jusqu'à se révolter contre Dieu lui-même, et l'œuvre de la tyrannie fut couronnée par l'impiété; le culte de la raison fut proclamé la religion nationale, et le paganisme se maria avec l'athéisme. Les mots eux-mêmes changèrent de signification : la terreur s'appela justice et vertu, la cruauté clémence, la grâce barbarie.

La réaction contre le terrorisme ne fut pas moins affreuse; les royalistes ne suivirent que trop l'exemple des démocrates.

La constitution de l'an III (22 août 1795) confia le pouvoir exécutif à un directoire de cinq membres, partagea le pouvoir législatif entre deux conseils, dont l'un, de cinq cents membres, fut investi de la préparation des lois, et l'autre de deux cent cinquante membres, dit des Anciens, fut chargé de la sanction des lois. Tous deux se renouvelaient par tiers chaque année. Les deux tiers des membres du conseil devaient être pris dans l'ancienne Convention, afin que les royalistes ne pussent prendre le dessus dans les élections. Les directeurs devaient être élus par les Anciens, parmi cinquante candidats proposés par les Cinq-Cents.

La torpeur s'était emparée de tous les esprits. On n'avait plus foi dans la réalisation d'un bonheur commun, dans l'avénement d'une société parfaite : l'engouement avait fait place à l'indifférence. Les partis étaient aussi faibles que le Directoire lui-même. Tout était mûr pour l'installation d'une dictature militaire.

Bonaparte s'empara du pouvoir le 18 brumaire. Il réprima l'anarchie, rétablit l'ordre, dota le pays de plusieurs institutions qui sont ses premiers titres à la gloire et à la reconnaissance de l'avenir. Il fit profiter la France des principaux résultats de la révolution, et sut lui faire oublier la liberté dans le tourbillon de la gloire. L'Europe s'humilia devant lui. Pour le combattre, elle dut en appeler à la nationalité de ses peuples, dont le contact même avec la France fit germer en eux des idées de liberté qui ne restèrent pas sans fruit. L'empire passa comme avait passé la république ; la restauration sanctionna tout ce qu'elle ne put renverser, et la France entra d'un pas ferme dans les voies constitutionnelles, où elle ouvre encore la route au reste de l'Europe.

LITTÉRATURE

DE LA POLITIQUE.

PLATON est le père et le maître de tous les réformateurs. Il voulait le règne de la capacité, en appelant la philosophie au trône; l'égalité des richesses, la communauté des femmes, l'éducation publique, l'ordre et l'harmonie dans l'État.

ARISTOTE, pour réfuter son maître, a fait une *politique* qui peut servir, de nos jours encore, d'école à nos hommes d'État. Elle est aussi pratique que *la république* de Platon est abs-

traite. Il a approfondi les différentes constitutions de son temps, le faible et le fort, les
causes de conservation et de décadence des
différents gouvernements.

La république de CICÉRON ne nous est par-
venue qu'en lambeaux, mais qui sont bien
inférieurs aux compositions des deux philosophes grecs.

MACHIAVEL, né en 1469, mort en 1527,
absorbe à lui seul toute la politique du moyen
âge. Maître d'une école particulière, il est
l'expression de toute son époque. Aussi lui
fait-on trop et trop peu d'honneur à la fois
en le considérant comme le créateur de la
politique qu'on a appelée de son nom. C'était
plutôt celle de son temps qu'il n'a fait que
consigner dans ses œuvres.

L'état peu satisfaisant des républiques italiennes, l'étude assidue de Tite-Live ont fait de
lui un partisan dévoué de la république romaine. Son *Prince* n'est ni une ironie, ni un
piége tendu aux rois, comme on le croit géné-

ralement, mais simplement l'expression de la politique égoïste de son temps ; pour ne pas dire de celle de tous les temps , comme son *Traité des conspirations* est le contre-poids de cette œuvre. Se tromper mutuellement a trop longtemps été la seule politique des maîtres et des sujets.

THOMAS MORUS, né en 1480 , mort en 1535, a fait une *utopie* fondée sur l'égalité, régie par un roi électif à vie, choisi par le sénat entre quatre candidats proposés par le peuple. Comme toute utopie, elle professe un grand mépris pour la société existante, et un respect illimité pour celle qu'elle rêve.

BODIN et LIPSIUS ont fait chacun six livres, l'un sur *la république* et l'autre sur *la politique*. Ces deux œuvres sont très-médiocres. Bodin demandait pourtant des limites au pouvoir royal, ce qui n'était pas sans courage au siècle où il vivait.

MARIANA préférait aussi la monarchie limi-tée par les lois, dans son *de Rege et regis ins-*

titutione, 1598. Il allait même jusqu'à justifier le meurtre des souverains, tout en recommandant leur jugement préalable.

Hugo Grotius, né en 1583, mort en 1645, est considéré comme le père du droit naturel et du droit des gens. Son ouvrage *de Jure belli ac pacis* est rempli de science et n'est pas dépourvu d'idées justes. Il proscrit la violence, recommande la religion, mais confond le droit avec la morale.

Thomas Hobbes, né en 1588, mort en 1679, a écrit : *de Cive* et *Leviathan seu de Civitate ecclesiastica et civili.* Il est le fondateur du contrat social. Son *état de nature* est l'état de la liberté absolue, de l'absence de tout droit et de la guerre perpétuelle.

Dans l'intérêt de la paix, les hommes passent *à l'état de société,* où ils échangent une partie de leur liberté contre des droits, et où la volonté de l'individu se subordonne à la volonté de la majorité qui est censée être celle de tout le monde. Le contrat ne peut être maintenu que par la force et la crainte, et l'État est la réalisation de l'une et de l'autre. Le pouvoir doit être absolu, pour être puissant, et monarchique, pour être indivisible. Il n'y a pas de lois au-dessus du souverain, et ses obligations sont purement morales.

CAMPANELLA fit en 1637 sa *Cité du soleil*. Les biens et le travail, la vie et l'éducation y sont en commun. Les magistrats y distribuent les occupations et ont soin du croisement des races. A la tête de la cité se trouve le grand métaphysicien.

HARRINGTON demanda aussi en 1656, dans son *Océanie*, l'égalité des conditions et des propriétés, des censeurs pour la religion et l'instruction, un sénat élu par le peuple, et auquel il a à soumettre les lois qu'il fait.

BENEDICT SPINOSA, né en 1632, mort en 1677, pensait que le droit découle de la puissance, que chaque chose a autant de droit que de pouvoir, et que l'un et l'autre ne sont limités que par le droit commun ou le droit et le pouvoir d'autrui.

Il subordonnait l'Église à l'État, l'excluait de toute participation au pouvoir, et ne lui accordait d'influence sur les hommes que par l'intermédiaire de l'autorité temporelle.

Puffendorf, né en 1631, mort en 1694, *de Jure naturæ et gentium,—de Officio hominis et civis*, reconnaissait la sociabilité innée à l'homme même dans l'état de nature. C'est pour la sûreté que les hommes s'unissent en État, soumettant leur volonté à celle d'un seul ou de plusieurs, et engageant le pouvoir par des obligations réciproques. La souveraineté dérive des contrats, et se perd par leur violation : elle est une, indivisible et illimitée.

Sidney, *Discourses concerning government*, 1698, se prononce contre la monarchie en faveur des républiques.

Locke, *Two treatises on government*, 1690, considère l'état de nature comme celui d'égalité et de liberté parfaites ; mais comme cet état n'offre ni lois, ni pouvoir, il en déduit la nécessité de l'état de société. Celui-ci s'établit par le consentement de tous. Les enfants ne sont tenus de s'y soumettre qu'en tant qu'ils veulent hériter. Le travail produit la propriété; celle-ci doit être accessible à chacun dans la proportion de ce qui lui est nécessaire ou utile, pourvu que ses produits ne dépérissent pas entre ses mains. La majorité du peuple décide des lois qui doivent être faites, elle résout les discussions qui s'élèvent entre le pouvoir et le peuple, et règle les impôts.

TEMPLE, *Essay upon the original and nature of government*, voit l'origine des États dans la famille plutôt que dans les contrats, considère le gouvernement d'un seul comme le plus simple; et le meilleur à ses yeux est celui qui est le plus stable, qui convient le plus aux mœurs et aux coutumes du peuple.

DAVID HUME, né en 1711, mort en 1776, *the nature of man*, et *Essays political*, développa les idées de Shaftesbury et de Hutchison, que la morale est la base du droit et de l'État.

FERGUSON a surpassé ses devanciers dans son

Histoire de la société civile, 1767, et il y a exposé des idées justes et modérées. Il se prononce contre la conquête qui entraîne la perte des conquérants comme des conquis, contre les grands États qui détruisent l'émulation, la variété de la vie et de l'histoire. La puissance d'un État ne dépend pas de son étendue, mais du caractère du peuple. Il n'y a point de gouvernement d'une bonté absolue, et le meilleur est celui qui est le plus approprié aux circonstances, et qui s'est développé naturellement. Trop de soin pour l'intérêt individuel ruine l'intérêt public. Le pouvoir absolu produit la corruption et le désordre que dans le principe il a été appelé à détruire. Les changements trop prompts et trop précipités ne valent rien.

En Allemagne, pendant tout ce temps, les idées politiques étaient très-arriérées, et les idées de droit assez embrouillées.

Thomasius reconnaissait des esclaves naturels, recommandait de faire ou de ne pas faire aux autres ce qui plaît ou déplaît à soi-même, et, en général, de ne faire que ce qui rend la vie heureuse à soi comme à autrui : lui et ses sectateurs séparaient la morale du droit, attendu qu'on ne peut astreindre qu'à ce dernier.

La perfection et la prospérité sont le but de l'État de WOLF, de son droit naturel et de sa morale; la force est un bon moyen dans ce but. La trivialité perce partout; la Chine est son idéal, et Aristote son maître.

BÖHMER, dans son *Introductio in jus publicum universale*, 1710, place le but de l'État dans la vie assurée et tranquille, son origine dans la force. Le droit naturel remplace la volonté de Dieu, qui approuve ou désapprouve les institutions publiques de l'homme.

MONTESQUIEU, né en 1689, mort en 1755, divise les formes du gouvernement en monarchie, despotisme et république. Le despotisme, à mon avis, n'est point une forme de gouvernement particulière; ce n'est que la corruption de la monarchie, ou même sa conséquence naturelle, quand elle n'a pas de charte qui la réprime. Aristote était plus juste dans ses distinctions de polisies et de pacerbases. Montesquieu ne parle du gouvernement constitutionnel que comme d'un fait isolé, mais qui jouit de toute sa prédilection. Il est vrai qu'il ne pouvait prévoir de son temps le rôle important que cette forme de gouvernement devait jouer dans le monde. Il suppose que le principe de la monarchie est l'honneur, la crainte celui du despotisme, et la vertu le principe de la république. Or, la crainte, la vertu et l'honneur sont nécessaires à tous les États, quelles que soient les formes de leur gouvernement. Néanmoins, il n'est que trop avéré qu'aucun gouvernement n'use de la crainte autant que le despotisme, qu'aucun ne peut se passer de la vertu moins que la république, et que l'honneur est la première vertu monarchique. C'est ainsi, pour la plupart, que les erreurs de Montesquieu ne sont qu'apparentes, ou trouvent leur réfutation dans ses écrits mêmes. Si l'*Esprit des lois* manque de système, sa méthode est unique, comme le caractère du génie de son auteur est un fait isolé dans la littérature française.

J. J. Rousseau, né en 1712, mort en 1778, appartient à la politique par son *Contrat social*, par son *Discours sur l'inégalité des conditions*, par son *Gouvernement de Pologne*. L'idée du contrat n'était pas neuve, et la conséquence en était fausse, quoique forcée : le pouvoir illimité et indivisible que son origine populaire ne peut ni racheter ni justifier. L'infortune de Rousseau l'avait rendu misanthrope et ennemi de la société, au point de lui faire préférer l'état de nature. Son *Gouvernement de Pologne* est un chef-d'œuvre de politique.

Le triumvirat de Voltaire, de Montesquieu et de Rousseau formera toujours une grande époque dans la littérature. Voltaire, noble et riche, considérait le peuple du haut de sa grandeur, brûlait l'encens en l'honneur des souverains de la terre, et jetait ses foudres à Dieu; Rousseau, pauvre et malheureux, versait un torrent de bile sur le monde; Montesquieu seul, dans une heureuse aisance, restait calme et vrai, profond et sage.

Filangieri, né en 1752, mort en 1788, fut le Montesquieu de l'Italie; sans le génie du philosophe français, il avait, de plus que lui, la verve de l'Italien. Il ne partageait pas sa vénération pour la constitution d'Angleterre, et le surpassait presque dans ses considérations sur la législation pénale. Il blâmait avec raison, la corruption dans le gouvernement représentatif, à tort, peut-être, la prédominance du pouvoir royal, et surtout sa variation.

La révolution française, ce grand résultat de la philosophie du xviiiᵉ siècle, devint à son tour l'école de la politique. C'est à sa tribune que les plus graves questions d'État furent débattues. Mirabeau travailla d'abord au progrès de la révolution, tout autant qu'il s'appliqua à le ralentir plus tard. Syeyès, inépuisable en plans de constitutions, mettait sa science au

service de tous les pouvoirs qui se succédaient.
Les Montagnards se firent les apôtres d'une
politique destructive et sanguinaire ; les Gi-
rondins, au contraire, s'imposèrent la pénible
et glorieuse tâche de fondateurs éclairés et
de sages réformateurs. Cependant, en Angleterre, WILLIAM PITT mettait tout en jeu pour
combattre les idées révolutionnaires et démocratiques de la France ; admirablement secondé
dans ses vues par EDMOND BURKE, il eut pour
adversaires FOX et SHERIDAN, les ennemis infa-
tigables de sa politique. En Allemagne, la politique se réfugiait dans la philosophie, et se perdait dans de paisibles rêves ou de creuses
discussions.

KANT, né en 1724, mort en 1804, n'était
pas encore affranchi des idées de ses prédécesseurs. Comme eux, il fondait le droit sur la
moralité, et l'appuyait sur la force, en lui su-
bordonnant la morale. La loi, selon lui, est
la conciliation de l'arbitraire de l'un avec celui
de l'autre, conformément aux principes de la

liberté. Le souverain de fait est le souverain de droit. Il n'a que des droits et point d'obligations; aussi ne peut-il pas être question de résistance contre lui. Le pouvoir législatif n'appartient qu'au peuple. La monarchie constitutionnelle lui paraît un non-sens, et il se prononce pour la république représentative. Il ne voulait ni droits sans mérite, ni hérédité dans les priviléges. Il subordonnait la politique à la morale, demandait l'abolition des armées permanentes, et la défense des emprunts pour les affaires étrangères. Voyez son *Zum ewigen Frieden.* — *Die Rechtslehre.* — *Das Naturrecht.*

FICHTE, né en 1762, mort en 1814. *Grundsätze des Naturrechts.* — *Die Staatslehre.* — *Der geschlossene Handelsstaat.* — *Beiträge zur Berichtigung der Urtheile über die französische Revolution.* — *Grundzüge des gegenwärtigen Zeitalters.* — *Reden an die deutsche Nation.*

Selon cet auteur, les gouvernements sans responsabilité ne valent rien, et le gouvernement responsable doit réunir le pouvoir législatif au pouvoir judiciaire, pour veiller sur le droit et faire exécuter les jugements. La surveillance du pouvoir doit être confiée à un éphorat investi d'un veto suprême, et qui accuse le gouvernement devant la commune. La masse du peuple est appelée à la défense des jugements de la commune. Ceux qui n'y votent pas sont exilés du pays. Un éphore peut annuler le veto de son prédécesseur. Si la commune veut le renversement de l'État, tout citoyen peut y procéder. Les droits héréditaires sont injustes ; les occupations doivent être strictement séparées et réparties par l'État. L'instruction doit être commune, et l'esprit dont on aura fait preuve à l'école doit décider des postes qu'on peut occuper dans la vie. Les passe-ports doivent être munis des portraits de leurs porteurs.

L'extravagance des idées de Fichte se retrouve dans HALLER, *Restauration des sciences d'État,* mais au profit du pouvoir, tandis que

Fichte était le défenseur du peuple. Le pouvoir, c'est la force ; l'obéissance, c'est la faiblesse. C'est tout au plus s'il exige l'utilité du pouvoir. Il dissémine le contrat social en une quantité de petits engagements.

Krug est plus rationnel dans sa *Dikäo Politik*, 1824. Il concilie les idées les plus contraires : le droit divin et le droit naturel, le droit du plus fort et le droit des contrats ; il suit le juste milieu entre les révolutions et la stagnation, qui est le mouvement dans le repos, et le repos dans le mouvement.

Ancillon est un esprit clair et pratique, qui, par sa modération, a eu une salutaire influence, même hors de son pays. Partisan du progrès dans la conservation, de la liberté de la presse sans licence, il demandait la représentation des intérêts, tout en écartant celle des intelligences, les théoriciens lui paraissant de trop mauvais praticiens.

Avec moins de charme et plus de science, le professeur de Leipzig, M. Pölitz s'est fait le défenseur des mêmes principes, pendant que M. Zachariä remplissait la même mission glorieusement à Heidelberg.

Plus libéral qu'eux tous, Rotteck se posait à Fribourg en chef de l'opposition allemande. La mort est venue le surprendre comme il venait de fonder, avec M. Welcker, la plus grande œuvre politique du siècle : le *Dictionnaire d'État*, qui se continue encore. Son *Vernunftrecht* est un peu trop élémentaire ; mais son *Histoire universelle* est une mine féconde en profondes idées politiques.

MM. Weber et Dahlman ont fait chacun une politique, estimée à des titres différents. Celle de M. Dahlman attend encore son achèvement.

Martens a élevé la diplomatie à la hauteur d'une science.

Cependant Bentham, né en 1748, mort en 1832, venait de clore la vie la plus studieuse qu'on ait eue. Il a pris pour base de son sys-

tème social, le grand ressort de ce monde :
l'utilité. L'utile, le bon, le plaisir, sont le devoir, la morale, la vertu, la religion de Bentham. Il subordonne l'utilité privée à l'utilité
publique, l'utilité moindre à l'utilité plus
grande. Comme tous les créateurs de systèmes,
il porta le sien à l'excès, sans s'inquiéter des
doutes et des erreurs qu'il faisait naître. Son
principe, vieux et égoïste, loin de devoir être
propagé, demande bien plutôt à être contenu
et réprimé. Mais si l'idée prédominante des
œuvres de Bentham est fausse, elles sont rem-
plies de précieuses pensées.

En France, durant la restauration, il se faisait une réaction en faveur des idées constitutionnelles et religieuses. Benjamin Constant
défendit les premières, Chateaubriand, De-
maistre, Bonald, Lamennais, personnifièrent
en eux les secondes.

Saint-Simon, au contraire, né en 1760, mort
en 1825, crut le christianisme insuffisant, en
tant que plusieurs de ses dogmes ont vieilli, et

en tant que son royaume n'est pas assez de ce monde. Il se fit le sauveur des classes inférieures et pauvres, de *ces esclaves du monde actuel*, et ses disciples se firent les libérateurs de la femme, qu'ils voulaient faire l'égale de l'homme, tandis que Christ l'avait laissée dans une place subordonnée, du reste parfaitement conséquente avec sa nature. La devise de Saint-Simon était : « A chacun suivant sa capacité, à chaque « capacité suivant ses œuvres. » La réalisation en eût été certainement difficile, et l'arbitraire y aurait eu une grande part; mais rien n'est plus faux que de dire que la société actuelle accomplit cette mission parfaitement. Les grandes vertus et les grands talents meurent sur les grabats; l'oisiveté se noie dans l'abondance, et le travail végète dans la dernière misère. L'intrigue parvient, et la modestie reste en route; la justice succombe, et l'injustice est couronnée de succès. La persécution est pour ceux qui veulent trop ardemment le bonheur des peuples ; les honneurs et la fortune sont pour ceux qui se prêtent à exploiter le peuple au profit des forts et des puissants. Des centaines de riches pour des millions de misérables, voilà le monde. La conquête pèse encore sur nous; les conquérants ont partagé les terres à leurs vassaux, et depuis la propriété foncière est restée entre les mains de quelques nobles qui n'ont eu souvent d'autres titres que celui d'une lâche servilité pour leurs rois. La révolution française a fait justice de cet état de choses, et a changé quelques prolétaires en propriétaires; mais les autres pays attendent cette révolution qui elle-même n'a pu être complète. La terre ne porte pas plus d'hommes qu'elle ne peut en nourrir; mais c'est aux hommes à bien distribuer ses dons et à en tirer tout le parti possible. Si les plans des réformateurs ne sont pas toujours heureux, la haine que leur portent les *heureux de ce monde* n'est pas moins déplacée. A côté de l'indifférence pour les grands et les petits athées du siècle dernier et du siècle présent, l'indignation pour les Saint-Simoniens est trop exagérée. A travers toutes leurs erreurs, il y a une tendance réelle vers la perfectibilité. « Saint-Simon a bien critiqué et mal doctriné; » mais ceux qui ne critiquent pas du tout ne peuvent pas bien doctriner. Le travail, la concurrence et l'aumône ne peuvent sauver le monde. Le travail ne nourrit pas toujours, la concurrence tue plus de gens qu'elle n'en enrichit, l'aumône est plus humiliante que suffisante. Actuellement, ce n'est plus à qui fera mieux, mais à qui fera pis, à qui fera le plus de dupes.

Fourier est purement matérialiste. Il a cru enrichir le monde par le travail rendu attrayant en l'organisant en commun. Or, l'attrait du travail est dans le genre de travail et sa rétribution plus que dans le mode de son exécution. Fourier perpétuait les inégalités, inégalités de fortune et de moyens, et rétribuait arbitrairement le capital, le travail et le talent qu'il associait l'un à l'autre : il donnait 5/12 au travail, 4/12 au capital et 3/12 aux connaissances. Il assurait à chacun un minimum de bien-être assez grand pour qu'on lui sache gré de son intention, mais, pris au mot et mis à l'œuvre, il y a à craindre qu'il n'eût fait faillite. Sa critique vaut mieux que ses plans; mais son mépris pour les autres égale la haute idée qu'il eut de ses propres œuvres. Si l'on y ajoute la manie réglementaire de ses plans, on verra qu'il a réuni en lui les qualités communes à tous les utopistes.

Owen, né en 1771, proscrivit les peines et les récompenses, d'idée plus que de fait, car l'infamie qu'il faisait infliger aux hommes vicieux est certes la plus grande des peines. Il fit des prodiges à New-Lanark. Avec des plaques de différentes couleurs qui désignaient les différentes qualités des ouvriers, il fit bien plus qu'on ne fait ailleurs avec la verge et le martinet; il abolit l'ivrognerie par la seule crainte de la honte, et établit une éducation modèle sur des bases morales. Non content de ces effets miraculeux, il alla fonder la colonie de New-Harmony, pour y tenter l'établissement de la communauté et de la rétribution égale. Le plan avorta, et depuis il alla de déceptions en déceptions.

Les extrêmes ont au moins cela de bon qu'ils secouent l'esprit, l'arrachent à son apathie, et le tendant même dans un sens opposé à la vérité, le provoquent souvent à de salutaires efforts. Ils éprouvent en ébranlant, et finissent par affermir le vrai, comme ils peuvent aussi l'étendre. Ainsi, en rejetant les erreurs des réformateurs, on peut emprunter leurs idées justes : à Saint-Simon sa rétribution selon les œuvres, à Fourier son association, à Owen la moralisation de la peine, et on doit chercher à faire pénétrer ces principes plus avant dans la société actuelle.

Ainsi qu'il y a des médecins tant pis et des médecins tant mieux, il y a des hommes qui voient les uns tout en beau et les autres tout en laid. La vérité est nécessairement entre les deux extrêmes, et le monde est aussi loin de sa ruine que de sa perfection.

LIVRE PREMIER.

DES FORMES DE GOUVERNEMENT.

Il y a trois formes principales de gouvernement : *le gouvernement absolu, le gouvernement constitutionnel* et *la république*. C'est ainsi qu'on les désigne habituellement, mais aucune de ces dénominations n'est propre à l'état de choses qu'elles expriment. L'absolutisme peut se rencontrer dans une république aussi bien que dans une monarchie. Chaque État comme chaque gouvernement a une constitution quelconque, et quant au mot république, il ne veut rien dire autre chose que l'État propre-

ment parlant, la chose publique, *res publica.*
Néanmoins c'est encore le mot le plus juste ;
car le gouvernement est public quand tout le
monde y prend part, et c'est là le caractère
distinctif de la forme de gouvernement qu'on
appelle république. Le gouvernement constitutionnel serait mieux désigné par les mots :
gouvernement représentatif; mais comme la représentation a lieu aussi dans des républiques,
on est tenu de les remplacer par l'expression
de *monarchie représentative.* Toute monarchie qui n'est pas constitutionnelle n'est pas
pour cela absolue ; elle peut non-seulement
être tempérée par la religion et les mœurs,
mais elle peut même être limitée par des lois
fixes dans l'exercice de son pouvoir. Elle ne
devient représentative que lorsqu'elle admet
le peuple à son gouvernement. Toutefois je ne
relève nullement ces contradictions pour contrarier l'usage de la langue, mais uniquement
pour éclaircir le sens qui doit s'attacher à ces
différentes expressions.

La république est une *démocratie* ou une *aristocratie,* selon que c'est le peuple ou la noblesse qui gouverne. Elle est absolue ou représentative, autocratique ou limitée.

Les gouvernements sont purs ou mixtes. La royauté, l'aristocratie et la démocratie absolues sont des gouvernements purs; la monarchie représentative et tous ceux auxquels la noblesse, le peuple ou les rois participent à la fois, sont des gouvernements mixtes.

Chacune des formes de gouvernement est sujette à s'altérer dans son principe, et à devenir tyrannique. La monarchie dégénère par son abus en *despotisme,* l'aristocratie en *oligarchie,* et la démocratie en *ochlocratie.* Le despotisme est le règne du bon plaisir ou du caprice d'un seul; l'oligarchie est l'usurpation du pouvoir par quelques-uns des nobles, et l'ochlocratie est le règne de la populace. *L'anarchie* est le chaos, le désordre, l'absence de tout gouvernement organisé.

L'État fédératif ou la confédération est une

union d'États, dans l'intérêt de leurs rapports réciproques et extérieurs, sous un gouvernement commun avec plus ou moins de droits d'intervention dans les affaires intérieures de chaque État. Cette union peut être entre des États qui se ressemblent ou qui diffèrent entre eux quant à la forme de leurs gouvernements. Les États-Unis sont tous des États républicains représentatifs; la fédération suisse est composée de démocraties pures et de démocraties représentatives avec un canton monarchique constitutionnel. La confédération de l'Allemagne contient des monarchies absolues, des monarchies représentatives et des villes libres.

La forme du gouvernement fédératif peut par elle-même être monarchique, aristocratique ou démocratique, selon qu'il y a un seul ou plusieurs États de l'union qui dominent, ou que tous sont égaux en droits.

La parité dans les formes de gouvernement et l'égalité des droits entre les différents États sont

des conditions de durée et de force dans l'u-
nion fédérale, comme l'égalité est la garantie
de toute union possible. L'État confédératif
présente ordinairement les avantages réunis
des grands et des petits États. Ses membres
peuvent être à la fois forts au dehors et libres
au dedans. Nous verrons plus tard que la trop
grande et la trop petite étendue des États
sont incompatibles avec la république ; la confédération seule peut rendre son établissement
possible, en divisant un État trop grand, ou
en réunissant des États trop petits en une
union fédérale.

C'est encore cette même forme de gouvernement qui présente tous les avantages de la
centralisation et de la décentralisation, de la
force et de la lumière ; comme c'est aussi la
confédération qui peut le mieux cimenter les
liens d'un État composé d'éléments plus ou
moins opposés, mais que des intérêts particuliers tendent à réunir en un corps d'État. C'est,
en un mot, certainement la meilleure forme

de gouvernement sous plus d'un rapport, à tel point qu'on peut être tenté de l'établir même dans un pays qui ne forme qu'un État. Ce n'est pas là tourner dans un cercle vicieux, et, après avoir échappé, à grand'peine, aux maux de la féodalité, en appeler le rétablissement. Les lumières ont une telle puissance, qu'elles peuvent tirer, avec le temps, un bon parti même des institutions vicieuses, qui manquent rarement, au fond, d'avoir un bon côté.

CHAPITRE PREMIER.

De la Monarchie absolue.

—

On dirait que tout est fait pour rendre les rois bons. L'amour de leurs sujets leur est assuré quand ils font le bien, et cet amour est une égide puissante contre la malveillance et les agressions, un grand soulagement au poids de la couronne. La gloire, cet autre bien si doux, ce délice si grand des humains, vient toujours couronner leurs œuvres, pour peu qu'elles soient utiles. Le bien par lui-même a un charme inouï, et la plus belle part de celui que nous faisons aux autres, rejaillit sur nous-mêmes. En repos avec leur conscience, dans la contemplation des bienfaits qu'ils sèment sur leurs pas, dans la jouissance de leurs bonnes œuvres, les bons rois ne coulent-ils pas les jours les plus beaux? Quel autre intérêt ont-ils que celui de leurs sujets? Leur intérêt particulier n'est-il pas l'intérêt commun? Quelle autre peine et souci ont-ils, si ce n'est de faire le bien? D'un trait de plume, ils rendent la vie et le bien-être à des millions d'hommes, d'un seul sourire ils font des heureux. Tandis qu'un particulier se débat avec tous les éléments pour être de quelque utilité à ses concitoyens, et passe la plus grande partie de sa vie avant d'atteindre un cercle d'activité un peu large, le souverain est appelé dès le début de sa vie à la plénitude de sa carrière. Le moindre bien qu'il fait lui vaut des louanges infinies, et il a beaucoup de mal à faire avant de s'aliéner les cœurs. Mais quoique tardive, la peine des mauvais princes est inévitable. Si elle ne les atteint pas dans leur vie, elle s'attache à eux après la mort, flétrit leur nom et le voue à la malédiction de la postérité. Dès son enfance, l'héritier d'un trône est entouré de tous les soins possibles ; les meilleurs maîtres l'initient à toutes les particularités de sa vocation. Un heureux naturel vient souvent s'allier à toutes les ressources des arts et des sciences qui le fécondent et l'embellissent : car ne s'évertue-t-on pas à dire tous les jours, que la race des souverains est la meilleure de toutes, tant par son origine que par l'effet de ses mélanges successifs ?

Tout concourt donc à faire des souverains les meilleurs des hommes. Telles sont les apparences, mais combien sont différents les effets ! Elle est bien longue l'histoire des méfaits et des crimes des rois, et bien courte celle de leurs bienfaits et de leurs exploits. Les mauvais souverains sont innombrables, et les bons sont en fort petit nombre.

. Ah ! c'est que la nature humaine est bien faible, c'est que l'éclat du diadème éblouit les plus clairvoyants ; la hauteur du trône fait tourner les têtes les plus fortes, et le poids de la couronne fatigue tant !

« Le siége de l'esprit est dans les oreilles, » a dit Xercès, et Dieu sait ce que les rois entendent, leur vie durant ! Ils sont obsédés par de vils flatteurs qui leur font croire que leur chair n'est pas la chair du reste des hommes, que leur sang n'est pas le sang du commun des mortels, que leur peuple n'est qu'une masse taillable et imposable à merci, au gré de leurs passions et de leurs caprices. A les entendre, le monde n'est fait que pour servir de jouet aux rois, qui ne peuvent mal faire et qui n'ont qu'à vouloir. On les idolâtre, on les divinise, on se prosterne devant eux, on se prostitue à eux. Un roi faible écoute et croit ces viles créatures ; un roi fort ne peut que mépriser et tyranniser cette meute de courtisans.

La vérité ne parvient presque jamais aux oreilles des souverains, ou ne leur parvient que toute défigurée. Tous rivalisent pour la leur cacher. Les événements fâcheux sont rapetissés à l'excès, les circonstances heureuses sont grossies à l'infini. On les abuse sur la position du pays autant que sur la leur propre, et le plus souvent ils ne s'aperçoivent de l'abîme où on les pousse que lorsqu'il n'est plus temps pour eux d'y échapper. Le pays regorge de blés, on demande des subsides pour les affamés; la famine ravage le pays et le peuple est à l'agonie : « Il souffre à peine, » dit le ministre. La contradiction est chose inouïe dans un gouvernement absolu; les objections mêmes ne sont pas souffertes : l'obéissance doit être aveugle. La colère tombe sur les porteurs de mauvaises nouvelles, les récompenses pleuvent sur ceux qui en donnent de bonnes. Ces Jupiters de la terre provoquent l'orage par le froncement de leur sourcil, ou ramènent, par un sourire, le beau temps, non-seulement à la cour, mais encore jusqu'aux limites les plus reculées de leur empire. Si un despote était né avec cette faiblesse de vue qui fait prendre une couleur pour une autre, il se trouverait peu de gens assez hardis pour lui dire que ce qu'il prend pour du brun n'est que du vert, que le blanc n'est pas du noir. «Vous avez raison, sire,» est le seul mot qui sorte des lèvres des courtisans quand les despotes disent les plus grandes absurdités.

Celui qui peut tout finira tôt ou tard par vouloir ce qui n'est pas de son devoir, et par faire ce qu'il ne doit pas pouvoir. L'abus est toujours près de l'usage, et plus l'usage est doux, plus l'abus est séduisant. Or; quoi qu'on en dise, il est doux de régner, et ce n'est pas pour les despotes que le despotisme est amer. Il est si peu dans la nature de l'homme de tout pouvoir, que cet état porte le trouble dans l'esprit le mieux constitué. Lorsque la volonté n'a pas de limites, elle ne peut qu'errer. L'homme n'est homme que lorsque sa volonté est subordonnée à son devoir; du jour où elle n'a pas de frein, sa nature animale prend le dessus, et le souverain devient un monstre. Quand même un roi ne voudrait que le bien, il ne serait pas bon qu'il pût tout ce qu'il voudrait; car il peut s'égarer, voir le bien où est le mal, et le bien lui-même est relatif aux temps et aux lieux. Quel autre bien est plus grand que celui de la civilisation, et pourtant que de voix s'élèvent, bien à tort certes, pour condamner Pierre Ier d'avoir anticipé sur les événements, d'avoir imposé une civilisation qui aurait été, pense-t-on, plus stable si elle eût été moins précipitée; plus large et plus forte, si elle s'était développée plus naturellement! Les bons rois ont souvent plus besoin que les mauvais d'être réprimés dans leurs entreprises. La Suède a, sans aucun doute, plus souffert de ses bons rois que de ses mauvais. Les guerres que lui ont attirées les Gustave II, les Gustave III et les Charles XII, ont ruiné le pays de fond en comble; Napoléon a fait plus de mal que de bien à la France.

Le pouvoir absolu n'est pas seulement nuisible aux peuples, il l'est aux souverains eux-mêmes. La responsabilité qui pèse sur le roi absolu fait frémir par son immensité. Le peuple lui attribue bien, à lui seul, tous les triomphes et tous les succès, mais il s'en prend aussi à lui de tous les revers et lui reproche toutes les calamités. Les fautes qu'il fait, volontairement ou non, celles même qu'il laisse commettre à d'autres, retombent sur lui avec toutes leurs conséquences plus ou moins rapprochées, avec leurs effets, quelque éloignés qu'ils soient. Le feu consume son palais, le peuple y voit le doigt de Dieu qui le châtie; la famine ravage la campagne, le peuple n'en accuse que le roi; l'armée est battue, toute la faute est au roi qui a entrepris la guerre. C'est encore à lui seul qu'on demande la réparation des maux qu'on n'attribue qu'à lui seul, et qui dépassent souvent de beaucoup tous les secours dont il peut disposer. On ne lui tient pas compte des intentions, on ne considère que les résultats; on le croit tout-puissant, puisqu'il se dit tel et veut passer pour tel. Un roi juste renoncerait volontiers à la part du bien qui lui revient sans qu'il y ait participé, pour ne pas avoir la part du mal qui n'a pas dépendu de lui. Il paraît bien beau le mot du roi de Bavière, disant qu'il ne voudrait pas être un roi absolu, et pourtant il n'est que prudent. Il n'y a d'heureux que le fou qui ne sent pas le mal qu'il cause, sciemment ou non; mais le roi honnête homme, qui prend à cœur tout le mal qui se commet et tout le bien qui ne se fait pas, qu'il y ait ou qu'il n'y ait pas de sa faute, ce roi est bien malheureux.

L'empire, dira-t-on, est la propriété du roi absolu, et quel est l'homme qui ne se plaît pas à embellir sa propriété? Mais que penser de Néron qui se réjouissait à la vue de l'incendie qu'il avait lui-même allumé? C'était un fou. Et combien d'hommes sages ne faut-il pas pour rétablir ce qu'un seul insensé aura renversé ou détruit! Encore si les bons rois étaient plus fréquents que les mauvais; mais nous voyons précisément le contraire. C'est au point que les mots eux-mêmes ont changé de signification. Les noms de tyran et de des-

pote n'avaient dans l'origine qu'un sens irréprochable, et, de nos jours, le mot d'absolutisme est devenu le synonyme de la tyrannie.

Le plus grand mal du gouvernement absolu
héréditaire consiste dans l'impossibilité d'éviter ou de réprimer les mauvais souverains :
un mauvais roi est une calamité publique, la
plus grande et la plus longue des calamités.
Il peut en quelques jours détruire les bonnes
œuvres de ses prédécesseurs, il peut attirer
sur son pays des maux irréparables, l'ébranler
dans sa base, le ruiner de fond en comble, le
diviser et l'affaiblir, le démoraliser ou l'assujettir à l'étranger. Il faut le souffrir comme un
fléau du ciel, car il n'y a point de moyen légal
pour s'en débarrasser. On ne peut prévenir son
avénement qu'en le déshéritant et en renver-
sant ainsi la légitimité qui est le fondement
de la monarchie. On ne peut le renverser que
par la force; et comme la souffrance d'un peuple a une mesure qui, une fois comblée,
déborde; comme il y a des fers trop lourds à

porter, quelque grande que soit la résignation d'un peuple esclave, la révolte est une conséquence inévitable des mauvais souverains, et si elle sauve le peuple, elle compromet toujours le trône. L'exemple, une fois donné, ne manque jamais de se reproduire, et cela pour des causes et des maux moins graves. Une fois que l'abus de la force des rois a poussé le peuple à l'usage de sa force, il ne manquera pas d'en abuser à son tour et de se jouer du trône, comme le trône s'est joué de lui. Les mauvais serviteurs compromettent les meilleures causes; les mauvais rois ne peuvent que compromettre l'absolutisme, qui par lui-même est une cause d'autant plus mauvaise que c'est elle-même qui gâte les rois.

Le choix de la race régnante serait-il fait une fois mieux encore, qu'on ne serait pas exempt de mauvais princes. « Il n'y a pas de famille sans estropié, » dit le proverbe russe. Les grands hommes n'ont ni ancêtres illustres, ni enfants célèbres : fils de leur génie et de leur talent, ils n'ont pour enfants que leurs œuvres. Les Voltaire et les Montesquieu, les Schiller et les Gœthe, les Shakspeare et les Byron, les Napoléon et les Washington, les Pierre Ier, ont à eux seuls absorbé toute leur race. Chaque race s'abâtardit et tombe en décrépitude, quelles que soient les heureuses conditions de son origine et de ses alliances.

Dans les pays absolus, il n'y a pas de loi : *là, la loi c'est le roi !* — La loi y est un colifichet, une dérision, un jouet du roi.

Étrange aberration de l'esprit humain ! Sa puissance même plie devant celle du pouvoir absolu et va chercher des justifications à ses atrocités mêmes. Qu'y a-t-il de plus affreux que l'absence de la légalité? et pourtant il est des hommes portés à voir du bien dans les écarts aux lois si propres aux gouvernements absolus. Ils disent que la loi est une lettre morte, et que le souverain qui la règle sur les cas particuliers et la modifie, ainsi qu'il l'entend,

la corrige et lui prête vie. Esclaves, ils ne re-
connaissent, ne conçoivent d'autre loi que
la volonté de leur maître, et s'abusent sur leur
état qu'ils croient naturel. L'inégalité devant
la loi est de toutes les inégalités la plus injuste
et la plus révoltante. Le droit vaut mieux que
l'équité, la légalité vaut mieux que la justice.
L'injustice légale ne peut mécontenter personne, la justice contraire à la loi doit révolter
chacun. Il vaut mille fois mieux avoir de mauvaises lois qu'on exécute, que d'en avoir de
bonnes qu'on ne suit pas. Qu'il y ait un arbitraire judiciaire assez large, mais qu'il soit
prévu par la loi; que la loi prévoie toutes les
exceptions possibles, mais qu'elle n'ait jamais de force rétroactive. Est-il donc si difficile pour un roi absolu de se conformer aux
lois qu'il crée, fait et défait par lui-même?
Qu'il se courbe donc devant sa propre création
et qu'il ait le courage de sa propre volonté!
Faire des lois pour ne pas les suivre, c'est le
comble de la tyrannie; les violer à toute oc-

casion, c'est méconnaître son propre intérêt et ruiner son pouvoir.

On se dit souvent, pour se réconcilier avec le pouvoir absolu, car il faut bien aussi tâcher un peu de vivre en paix avec les plus forts, on se dit qu'on préfère un tyran à plusieurs, celui qui n'a jamais été notre égal, qui est l'envoyé de Dieu, à tous ces tyrans qu'on voit dans la république, qui sont ou ont été de nos égaux et qui ont eu, plus ou moins, des intérêts communs avec nous. Mais le grand mal de la tyrannie, ce n'est pas le tyran lui-même; ce sont tous ces petits tyrans qui poussent autour de lui, qui fourmillent dans son ombre et brillent de son éclat; ce sont tous ces satrapes et tous ces pachas qui rendent odieux les sultans et les schahs. Tel maître, tel valet; les fonctionnaires d'un despote sont ses valets, et comme lui despotes et tyrans, même plus que lui. La cour d'un despote est une cour de singes qui prennent en tout l'exemple sur lui, depuis la mise jusqu'aux habitudes, réglant leurs goûts et leurs penchants sur ceux du maître. Un monarque débauché n'aura que des libertins autour de lui; un monarque cruel sera surpassé en atrocité par ses satellites; un roi dépensier verra ses courtisans se ruiner pour lui plaire. Le roi absolu n'aura pas de vice qu'on ne flatte et n'assouvisse, qu'on n'entretienne et n'augmente; pas de faiblesse qu'on n'imite, de cruauté qu'on ne propage.

Un monarque sage utilisera, au profit de son pays, ce penchant à l'imitation. Il sera économe et laborieux pour faire croître autour de lui le travail, l'épargne et les richesses ; moral, pour faire régner les bonnes mœurs dans son pays.

Néanmoins, le premier mérite d'un souverain est le choix convenable des hommes auxquels il accorde sa confiance, surtout pour les emplois qui exigent une certaine indépendance d'action. Ce mérite ne s'acquiert que très-difficilement ; il n'est pas donné à la médiocrité et n'est le propre que de la grandeur. Juger les hommes avec discernement est plus difficile pour les souverains que pour les particuliers, car, ne se trouvant pas en contact immédiat, perpétuel et franc avec eux, ils ont rarement l'occasion de les connaître sous toutes leurs faces, et ne les voient souvent que sous un faux jour. La science des hommes s'acquiert surtout par l'expérience qui vient avec le temps, et par la souffrance, conditions qui manquent à la plupart des souverains. Pour connaître les autres, il faut aussi se connaître soi-même, et les rois ont toujours une trop haute idée d'eux-mêmes pour qu'elle soit juste.

Mais ce n'est pas tout encore que de savoir distinguer les hommes : il faut savoir s'en servir, et ce talent est plus difficile que le premier. Les tyrans ne savent ni estimer ni aimer les hommes ; ils ne souffrent pas d'autre volonté que la leur. Les hommes d'une probité inébranlable les embarrassent ; ils voient des critiques amers dans les hommes aux mœurs pures et sévères ; des maîtres, dans des hommes de talent et de capacité. Ils ne veulent ni plier ni se contraindre devant eux ; leurs observations les importunent, leurs conseils les ennuient, leur présence même leur paraît un reproche continuel et une charge dont ils ont à cœur de se débarrasser au plus vite. Ils préfèrent ne prendre conseil que d'eux-mêmes, et se persuadent aisément qu'ils sont leurs meilleurs conseillers, ou tout au plus, consultent-ils ceux qui sont toujours de leur avis.

Si la femme d'un sujet a le bonheur de plaire au souverain ou aux princes, et si le mari n'a pas assez de tact ou de lâcheté pour prendre son parti, se réjouir de son déshonneur, et même prêter son appui à l'intrigue, la persécution s'amasse sur sa tête. S'il ne veut pas faire son chemin par sa femme, il fera route avec elle, ou plus souvent encore sans elle, pour l'exil. La moralité, la religion percent difficilement à la cour : le souverain en est

8.

le dieu, et lui plaire y est la seule vertu.
C'est tout au plus si l'étiquette sauve les apparences. *Humanum est errare*, et les rois sont
en cela plus hommes que les autres : ils ont
tant de séductions !

Heureusement, les rois les plus absolus ne
peuvent pas tout. La nature leur fait des lois,
la religion leur commande, le passé leur impose ses exemples, les habitudes les lient, l'é-
tranger les voit faire, l'opinion publique lève
sa tête qu'il n'est pas toujours bien aisé d'a-
battre, l'avenir enfin se rit d'eux, et vient renverser leurs chétives constructions, ou les
châtier de son juste courroux.

Ils ne peuvent pas faire voler leurs légions
dans l'air ou transporter leurs armées dans
des ballons. Ils ne peuvent pas, comme Pom-
pée, faire sortir des légions de terre, en
frappant du pied ; et quand ils les perdent,
ils n'ont qu'à se prendre aux cheveux, comme
Auguste, et à crier : « Varus, rends-nous nos

légions ! » Ou bien ils n'ont, comme Napoléon, ... mais ici je m'arrête. Les hommes ne suffisent pas pour faire la guerre ; il faut de l'argent, et ceux qui battent monnaie ne sont pas ceux qui en ont à leur gré. Il leur en faut aussi pour vivre, et ne pouvant le prendre qu'à leurs sujets, il faut bien qu'ils les laissent faire et les laissent aller, même à l'étranger, où ils puisent des idées plus ou moins contraires à leur système. Il faut qu'ils respectent leurs propriétés, qu'ils leur concè-dent des libertés et qu'ils les laissent s'ins-truire. L'instruction nous fait distinguer le bien du mal. Que voulez-vous ? C'est là notre péché mortel ; nous avons payé assez cher le fruit du savoir pour le garder : il nous a valu l'expulsion du paradis, et les rois, n'étant pas plus puissants que Dieu, ne peuvent déraciner l'arbre de la connaissance du bien et du mal. Ils n'ont qu'à s'en prendre à Adam et à Ève, à Ève plus qu'à Adam, au serpent plus qu'à Ève, à Satan plus qu'au serpent. Sachant donc discerner le mal du bien, les hommes distinguent les bons souverains des mauvais, leurs bonnes actions de leurs actions mauvaises, et blâment celles-ci plus ou moins hautement. On ne peut imposer silence à tous : la voix du peuple est celle de Dieu! De là cette conséquence, que l'opinion publique est le juge suprême des souverains, juge qu'ils ne peuvent renverser et qu'ils ne peuvent acheter que par de bonnes et de belles actions. Force leur est donc d'être le moins mauvais possible. Puis, il y a encore pour eux un autre tribunal devant lequel ils comparaissent tôt ou tard, le tribunal de Dieu. Ils peuvent en détourner les yeux, se faire irréligieux ; mais la conscience se réveille en eux et se dresse d'épouvante. Ils peuvent lui imposer silence, s'étourdir dans de nouveaux excès, combler la mesure de leurs méfaits; mais alors leur pacte avec Dieu et les hommes est rompu, et, ne pouvant faire tout un peuple aussi criminel qu'eux, ils tombent; le peuple se retire de celui qui s'est retiré de Dieu, et que Dieu a lui-même abandonné.

Les rois les plus absolus ne manquent pas de faire des lois qui sont autant de liens pour eux-mêmes. Ils en font d'abord pour régler les différends de leurs sujets entre eux, puis pour définir les rapports des sujets aux gouvernants, et enfin pour prévenir les abus de leurs propres agents. Ils fixent par des lois toutes les relations; et à moins de se donner des démentis personnels, de condamner leur œuvre propre, ils ne peuvent porter à ces lois de fréquentes atteintes. Ils ne peuvent plus couper la tête pour des crimes que la loi ne punit que par la privation d'un membre ou de la liberté. Ils ne peuvent confisquer les biens pour des délits qui n'entraînent que de légères amendes, quelque bonne volonté qu'ils eussent de s'emparer des propriétés des coupables. C'est ainsi que les lois deviennent forcément des garanties pour le peuple et des limites pour le pouvoir absolu. La civilisation, de son côté, en éclairant les peuples, a élevé les rois. Ils ne se permettent plus les choses qu'ils ont osées jadis. On taxe d'atrocité et de barbarie, aujourd'hui, ce qui, autrefois, n'étonnait personne, ce qui passait inaperçu et paraissait l'exercice légitime d'un droit naturel. L'éducation apprend aux rois comme aux simples particuliers à réprimer leurs mauvais penchants, à rougir de leurs vices; elle leur enseigne l'affabilité et la douceur, elle élève leurs goûts et purifie leurs penchants.

Schiller se donne, dans son *don Carlos*, la cruelle satisfaction de comparer l'empire de Philippe II, l'empire des rois absolus, à l'empire de Dieu, et le premier sort de cette comparaison, comme de rigueur, bien mesquin, petit et pauvre. Une chose m'a frappé dans cette tirade, c'est que Schiller ait pu la faire sous un prince absolu, et sa puissante accusation m'a paru une éloquente justification du régime absolu. Schiller est le poëte de la liberté par excellence, et il est le poëte favori de l'Allemagne, des sujets comme des rois. Le peu de persécution qu'il a essuyé, au début de sa vie, a été amplement compensé par de grands triomphes et par l'amour de ses concitoyens. C'est qu'en Allemagne, il y a une moralité et une civilisation qui tempèrent et purifient le gouvernement absolu, et qui font que les sujets y vivent en paix avec les souverains. L'affabilité, la justice, la bonté, sont les traits caractéristiques des princes allemands, et ne sont propres qu'à réconcilier le monde avec la cause de la monarchie. Le poëte qui a pu dire : « Je ne puis être le serviteur d'un souverain ; » — « J'aime l'humanité, et dans la monarchie je ne dois aimer que moi-même ; » — ce poëte, en disant : « Donnez, sire, la liberté de la pensée ! »—n'adressait pas ce conseil aux princes de l'Allemagne, et c'est là ce que Schiller trouvait de plus propre pour faire le bonheur des peuples, Schiller, ce représentant de la nationalité allemande. Si, de-

puis, on s'est écarté de cette sage politique,
si l'on s'est jeté dans une voie fausse et illé-
gale, on n'y a recueilli que des déceptions qui
ne pourront que se multiplier à l'avenir. La
liberté frappe à coups redoublés à la porte
fermée à la pensée, et la pensée est trop forte
en Allemagne, pour qu'avec le temps cette
porte ne cède pas à ses coups.

Le peuple russe présente, dans son genre,
un fait tout particulier. De tout temps les
étrangers qui l'ont visité, ont été frappés de
son amour pour ses souverains; amour qui dé-
passait toutes les bornes, qui sacrifiait femme
et enfants, biens et existence, non-seulement
dans l'intérêt du pays, mais aux caprices les
plus révoltants des czars; qui supportait l'injustice et la cruauté, en bénissant la main qui
châtie et déchire. Les frères Schütte, résidents
suédois à Moscou, écrivaient à Gustave II, que
les Russes, loin d'avoir de l'horreur pour l'esclavage, s'en étaient fait une adoration. Récem-

ment encore, un voyageur français [1], s'en prenant au peuple plus qu'au gouvernement, a dit que les Russes sont ivres de l'esclavage. Sont-ce les Tatares, dont le joug de fer a opprimé la Russie durant deux siècles, qui l'ont si bien dressée à l'esclavage? Est-ce le sort malheureux de la race slave d'être toujours esclave? Les mots d'*Esclavons* et de *Serves* veulent bien dire quelque chose; l'état infortuné de la Pologne et des provinces slaves de la Turquie et de l'Autriche parle assez haut. Le Slave n'a jamais envisagé la liberté du peuple que comme faiblesse du gouvernement [2]. Sont-ce les czars qui ont si bien façonné leurs sujets, qui les ont tant abrutis, tant démoralisés, qu'ils les ont rendus impropres à toute espèce de liberté? L'explication de ce triste phénomène pourrait se trouver aussi dans le caractère même du Russe. Sa douceur et sa bonhomie

---

[1] M. le marquis de Custine.

[2] Le mot russe *svoboda* (liberté) provient du mot slave *slaboda*, qui lui-même dérive du mot *slabo*, FAIBLE.

surpassent tout ce qu'on peut imaginer. C'est
le peuple le plus aimant et le plus idolâtre que
je connaisse. Il porte de l'amour à tout ce qui
l'entoure, et ses chants plaintifs, qui semblent avoir été dictés par la souffrance, sont
pleins d'expressions touchantes. Il a du peuple
asiatique l'amour de la pompe; il a du Romain
l'amour de la domination, et il veut que sa
tête, son chef, son czar, marche environné
d'éclat et de puissance. Il donnera sa vie pour
que son czar puisse prendre et faire tout ce
qu'il veut. Son czar est son *père*, et il ne peut
croire qu'un père puisse vouloir le mal de ses
enfants. Le pouvoir patriarcal est, en Russie,
dans toute la force de son origine primitive.
Voltaire disait vrai : « La femme qui n'est plus
battue par son mari, croit ne plus être aimée. » Le
Russe mesure l'amour sur le châtiment. C'est
de la barbarie, diront les uns; c'est de l'enfance
bonne et candide, diront les autres; d'autres
encore penseront que c'est l'immoralité qui
va jusqu'à dorer les fers qu'elle ne peut briser.

Tout mal a ses compensations, et celle du gouvernement absolu consiste dans les bons souverains qui, dans leur pouvoir illimité, trouvent une plus grande facilité de fonder la gloire et de consolider le bonheur de leur peuple. Malheureusement, ils ne forment qu'une rare exception, qu'il est d'autant plus consolant de rencontrer et de constater. Envisagé en soi, l'absolutisme a même quelques bons côtés. Il est plus aisé de persuader un seul homme que beaucoup de monde, plus aisé de lui faire adopter de grands plans, de même qu'il lui est plus facile de les exécuter. A la vue des bienfaits que Pierre Ier a répandus sur son pays, on est porté à excuser jusqu'à son despotisme; il n'aurait rien pu faire de ce qu'il a fait avec des chambres puissantes, aveugles, ignorantes, imbues de préjugés et jalouses de leurs injustes prérogatives.

L'abus n'exclut pas l'usage, et il n'y a pas d'institution humaine exempte d'abus. La tyrannie n'est pas une nécessité du régime absolu, comme elle n'est pas incompatible avec les autres formes de gouvernement : elle n'y est que plus difficile et par conséquent plus rare.

La civilisation gagne du terrain de jour en jour, et fait rougir les despotes eux-mêmes de leur tyrannie. La cruauté, après avoir été une atrocité, devient un ridicule. Les constitutions ont corrigé les monarques absolus eux-mêmes. Ils sont devenus meilleurs à la vue des peuples qui, en s'émancipant, ont exercé sur la monarchie des représailles plus ou moins justes et des vengeances plus ou moins cruelles. Ils ont lâché un peu les rênes depuis qu'ils ont vu que, trop tendues, elles sont sujettes à se rompre. -

Les monarques se persuadent de plus en plus, que dissiper les fonds publics, que ruiner les particuliers, c'est miner leurs propres ressources. Soucieux de leur crédit, ils craignent les déficit et les banqueroutes; fidèles à leurs engagements, ils ne contractent que des dettes indispensables. Prodigues pour le bien public, on les voit parfois doter leur pays de monuments qui ont plus de peine à s'élever dans les gouvernements populaires.

Néanmoins, la cause de l'absolutisme est jugée sans appel. Les bons rois ne peuvent racheter les mauvais, ni les rendre impossibles, et les avantages de l'absolutisme ne peuvent entrer en comparaison avec ses effets déplorables. Tôt ou tard, il faudra transiger avec le peuple, et lui céder une partie pour sauver le tout. On peut périr pour l'absolutisme, on ne peut le sauver. Lutter contre l'envahissement des libertés, des idées de liberté, c'est lutter contre une force invincible. Tous les efforts pour conserver l'absolutisme ne peuvent aboutir qu'à retarder sa chute et prolonger son agonie, et les retards pourront être funestes au principe même de la royauté en l'entraînant dans la chute du despotisme. Toutes les victimes immolées à l'absolutisme lui seront inutiles et funestes : ce sera autant de voix qui crieront contre lui. Faire des victimes innocentes, c'est de la barbarie; faire des victimes inutiles, c'est plus que cruel, c'est impolitique. Douter de la puissance de la liberté est aussi absurde que nier la lumière du soleil. L'absolutisme est dans l'intérêt de trop peu de monde pour qu'il ait des chances de longue durée. Les droits qu'il donne sont atroces ou injustes, les devoirs qu'il impose sont humiliants. L'esclavage qu'on fait essuyer à autrui ne compense pas celui auquel on est assujetti soi-même. Faire souffrir les autres répugne aux hommes de cœur, et souffrir soi-même répugne à tout le monde. L'absolutisme provoque l'ambition et ne l'assouvit pas. Il la provoque par sa pompe et son étalage, par le servilisme dont il fait l'unique capacité et dont chacun se croit capable; mais il n'y a que le petit nombre qui parvienne, et le plus grand nombre forme la masse des mécontents. L'absolutisme n'a bientôt à donner à l'ambition que des coups de canon, l'exil ou la prison. Mais ce sont là des choses qui s'épuisent trop vite, et la puissance devient, par son abus, de l'impuissance. L'armée elle-même, quelque bien disciplinée qu'elle puisse être, s'émancipe peu à peu, devient de plus en plus libérale, et finit par tourner ses canons contre ceux qui l'ont dressée à faire la chasse au peuple.

L'absolutisme est né malade; on ne peut le guérir, et dès lors il ne sert à rien de le traiter. Le mal qui le travaille est héréditaire, et les rois absolus n'ont qu'à rejeter sur leurs successeurs l'imminence de la révolution. Un roi bon père doit préserver ses enfants de leur perte, et asseoir le trône sur des bases plus certaines que celles de l'absolutisme.

Le plus mauvais service à rendre aux souverains absolus, c'est de les abuser sur leur position et sur l'avenir de leur cause, c'est de prolonger leur égarement aussi doux que funeste; et le plus grand bien qu'on puisse leur faire, c'est de les éclairer, c'est de sauver la royauté en abolissant la tyrannie et en donnant au pouvoir en durée ce qu'on lui ferait perdre en intensité. Nulle force au monde ne peut empêcher ni renverser la vérité. Galilée, forcé de renier la rotation de la terre, ne put s'empêcher de dire : « Et pourtant elle se meut.» On peut faire jurer que l'absolutisme est une bonne chose, on n'empêchera pas moins qu'il n'en soit une fort mauvaise. On peut ralentir la civilisation, mais on ne fera qu'ajourner la perte de l'absolutisme; on peut faire tout rentrer dans la crainte, mais on ne mettra pas pour cela la raison de son côté; on peut enfin faire de bonnes et belles actions, mais on ne peut en rassasier le peuple qui demande du pain plus que de la gloire, qui ne recule que devant l'impossible, dont il ne peut se convaincre qu'en participant aux affaires publiques. Tous, tant que nous sommes sur cette terre, rois et sujets, nous obéissons à une volonté suprême, et nous remplissons les décrets du Très-Haut, et l'absolutisme n'est venu au monde que pour le triomphe et la consolidation de la liberté. Celui qui dit que les peuples sont faits pour complaire aux rois, blasphème Dieu et compromet les rois.

L'appel d'un homme d'une haute capacité au timon des affaires ne peut sauver l'absolutisme. Il exige une abnégation dont les souverains d'un caractère ferme sont le plus souvent incapables, et les souverains faibles, en se dessaisissant de leur pouvoir, ne font que céder la place à un autre despote.

Il en est de même de quelques lois, dites *lois d'État*, qui ont pour objet de prévenir certains maux et certains abus trop grands; telles sont celles qui prescrivent l'indivisibilité du territoire, l'inviolabilité de la religion ou l'hérédité du trône. Pour être suffisantes, ces lois devraient être nombreuses, et pour être efficaces, elles doivent être confiées à la sauvegarde de quelque corps indépendant qui ne ressorte et ne relève que du peuple, ce qui formerait la constitution proprement dite.

Que les lois, obligatoires pour les sujets, le soient aussi pour les souverains, que tout ce qui n'est pas défendu par la loi soit permis, que la défense sans pénalité soit nulle et équivaille à une autorisation, que la loi soit sacrée et les juges intègres, la justice sera bien administrée; mais vient ensuite le pouvoir exécutif, le droit de faire la guerre ou la paix; et si ce droit est laissé à l'arbitraire des rois, qui les conseillera? Des conseillers qu'ils auront choisis et qu'ils auront la faculté de renvoyer, ne diront et ne feront que ce qu'il leur plaira, et des conseillers inamovibles ne feront que leurs affaires ou celles de leur caste. S'ils ont quelque influence sur le roi, ils devront être influencés à leur tour, et c'est encore là que se représente la nécessité d'une constitution.

CHAPITRE II.

Du gouvernement constitutionnel.

—

Le gouvernement constitutionnel est un gouvernement mixte, une monarchie avec des formes républicaines, ou bien une république avec des institutions monarchiques, un chef héréditaire. S'il tient des vices de chacun de ces gouvernements, il participe aussi de leurs mérites respectifs. Il emprunte à la monarchie de sa force, à la république de ses libertés, en écartant l'arbitraire de l'une et l'inconsistance de l'autre. Conception bâtarde, si l'on veut, il a tout le génie des bâtards.

La constitution s'applique à garantir le pays de l'abus du pouvoir monarchique et à prévenir les dangers que lui ferait courir l'incapacité sur le trône. Elle débarrasse le souverain d'une responsabilité qu'elle reporte sur les ministres, dépositaires du pouvoir suprême. Elle admet le peuple, dans des conditions plus ou moins larges, à la participation au gouvernement, au moyen de la représentation nationale. Les représentants du pays sont appelés à coopérer au pouvoir législatif en part égale avec le roi, au gouvernement duquel est confié le pouvoir exécutif, sauf le contrôle des parlements, modérés à leur tour par le roi qui les dissout ou les proroge.

La constitution laisse le roi au timon des affaires, mais donne au peuple le droit d'accorder ou de refuser les impôts, et rend les ministres responsables des actes du roi. Par ces deux dispositions elle enlève au roi presque toute liberté d'action. Il peut déclarer la guerre, mais c'est au peuple à lui accorder ou à lui refuser les moyens de la faire. Il peut élire ses ministres, mais il appartient aux

chambres de les maintenir ou de les renverser, de censurer et de guider leurs actes, et,
par le fait, le roi n'est que le représentant plutôt que le chef de l'État.

Faut-il plaindre le sort des rois constitutionnels? — Fût-il cent fois pire, qu'il serait
beau et consolant de se sacrifier au bonheur de
plusieurs millions d'hommes. Mais le sort des
rois constitutionnels n'est encore que très-
beau. Si peu de chose qu'on soit, on trouve
toujours la faculté d'être utile, et un roi,
quelque limité que soit son pouvoir, a toujours assez de moyens de faire du bien à son
pays. Un roi constitutionnel peut faire grâce,
digne attribut de celui qui ne peut mal faire.
Il peut s'immortaliser par des conquêtes glo-
rieuses et profitables, gagner des batailles en
personne, ou les faire gagner par ses enfants
et ses généraux, travailler à la puissance et à
la gloire nationale, faire un choix de ministres
qui assurent la prospérité, le repos et la ri-

chesse du pays, veiller à l'exécution des lois, provoquer leur amélioration et y coopérer, distinguer le mérite et le récompenser par de dignes emplois.

Mais il peut aussi ne rien faire de tout cela; il peut fouler à ses pieds, aux pieds de l'étranger, la dignité nationale; il peut s'entourer d'hommes serviles ou incapables; il peut trahir la cause de la liberté et forger des fers à son peuple; il peut se renfermer dans une insouciance et une inactivité funestes, car tout le bien qu'il néglige est autant de mal qu'il cause au pays; il peut enfin faire un mauvais usage de son pouvoir, car il n'y a pas d'employé qui ne puisse abuser de son autorité, combien plus un roi! Mais alors le sentiment national se réveille tôt ou tard, et, s'il ne fait pas justice de tels abus, il force le pouvoir à rentrer dans les voies de la dignité et du devoir.

La représentation est *nationale*, lorsque

toute la nation prend part aux élections. Cette sorte de représentation est la plus logique et la plus juste, en tant que le gouvernement doit se proposer l'intérêt de tout le monde, ou au moins l'intérêt de la plus grande masse du peuple, et à cette fin, il est naturel qu'il consulte tout le monde. Ce qu'on a à reprocher au suffrage universel, l'influence qu'il donne aux démagogues, aux meneurs des partis, aux hommes influents dans le canton, disparaîtrait si l'on voulait soustraire les élections aux exigences de clocher, les centraliser davantage, ou même les rendre générales pour tout le pays.

La représentation est *provinciale*, lorsque chaque division principale du pays envoie des délégués en nombre égal ou bien différent selon l'importance de chaque province. La division en provinces étant arbitraire ou accidentelle, leur représentation suit nécessairement cette condition précaire. Elle est rarement l'expression de tous les intérêts, et n'est jamais celle de leur importance réciproque. Si le pays n'a qu'un seul port, le commerce maritime n'aura qu'un seul représentant; si les fabriques sont entassées dans une seule province, les intérêts manufacturiers n'auront qu'une seule voix, et des intérêts moins importants, mais disséminés dans des parties différentes du territoire, pourront avoir le dessus dans les délibérations, grâce à une représentation plus nombreuse.

La représentation *par états* est moins défectueuse en tant que chaque état est censé avoir des intérêts particuliers; mais les intérêts généraux ne se coordonnent pas sur les intérêts partiels des états qui, dans plusieurs pays, tendent à se confondre les uns dans les autres.

La représentation établie sur la *propriété* est fausse dans son origine et son principe, arbitraire dans son application. La propriété n'est pas un titre suffisant à la participation au gouvernement. Il n'est pas toujours constant que les propriétaires soient conservateurs, car les gens les plus riches ne sont pas les moins avides, et la conservation des prérogatives et des abus, si chers aux privilégiés, n'est pas ce qu'un État bien organisé, ou qui tend à l'être, doit se proposer. Le droit et la justice ne sont pas moins généralement compromis entre les mains de ceux qui sont parvenus qu'entre les mains de ceux qui veulent parvenir. Le gouvernement revient de droit aux plus capables, et la capacité ne se règle pas sur les richesses. Elle en est le plus souvent dénuée, et son exclusion du gouvernement forme le premier et le plus grave défaut de ce système de représentation. L'État n'est point une association de commerce ou d'agiotage, où les droits de chacun doivent se régler sur sa quote-part dans le capital commun. L'impôt n'est pas non plus l'expression exacte de la propriété. Tantôt il ne l'atteint pas, tantôt il la surcharge outre mesure, et s'attache d'autres fois à celle qui n'est que factice.

On croit avoir tout dit quand on a avancé qu'il est juste que ceux qui ne donnent rien à l'État soient privés de la faculté de contrôler la gestion des deniers publics, et que ceux qui ne donnent que peu n'y soient admis qu'indirectement. Mais le budget et les votes de crédits n'absorbent pas, grâce au ciel, toutes les affaires du parlement. Les marchands enrichis, les fabricants aisés ne sont pas censés en savoir plus en matière de droit et d'intérêts publics, que les hommes riches d'esprit et de connaissances. L'intérêt des riches est sans doute très-important, en tant qu'il s'agit de conserver ce qu'on a acquis; mais il n'est pas moins urgent d'accroître la richesse générale, et surtout de la mieux distribuer, de diminuer la misère et de donner quelque chose à ceux qui n'ont rien, ne serait-ce que pour leur ôter la tentation de prendre à ceux qui ont tout. Et si l'on ne peut leur rien donner, faut-il au moins faire acte de bonne volonté, de probité et de fran-

chise, en les admettant, sinon aux délibérations, au moins aux élections publiques.

Je vois dans les parlements des luttes acharnées pour les portefeuilles, de sourdes menées
pour les places; j'entends de grands mots sur
de petites choses, de petits mots sur les
grandes choses, et à peine une voix s'élève-
t-elle pour le prolétaire. C'est qu'on n'a pas de
temps à donner à d'autres intérêts que les siens
propres. Mais l'ennemi est aux portes des
chambres, et si le plébéien n'a pas de mont
Sacré où il puisse se réfugier, ne le voyez-vous
pas déserter les fabriques, se ruer dans les
villes, et changer l'instrument de son travail
en une arme de guerre? Vous lui donnez des
hôpitaux où il peut mourir, des maisons de
pauvres où on le tue de travail. Que ne lui
donnez-vous donc une place dans vos conseils? Vous voulez admettre la capacité; ad-
mettez aussi l'infortune si riche en expérience. Elle vous apprendra de grandes vérités,
et ne sera pas la moins habile à trouver des

remèdes aux maux qu'elle connaît mieux que personne. Je ne demande pas que les pauvres fassent la loi aux riches, je ne veux pas davantage que les riches la fassent aux pauvres; mais je voudrais seulement que la voix des pauvres fût entendue et écoutée.

Lorsque d'ailleurs on assoit la représentation sur le cens, il faut bien se garder de le conserver immuable, il faut le modifier au contraire aux différentes époques. La fortune des particuliers est sujette à un mouvement perpétuel qui en change complétement la nature. Les impôts éprouvent de leur côté de fréquentes et de grandes modifications, que doit suivre nécessairement la fixation du cens électoral. L'argent lui-même change de valeur avec le temps. Tout ceci fait que le cens, si bien établi qu'il soit dès l'origine, devient à la longue plus ou moins défectueux.

La meilleure représentation semblerait celle qui serait basée sur la conformité des intérêts, tels qu'ils se groupent d'eux-mêmes. Les industriels, les commerçants, les rentiers, les agriculteurs, les savants, les maîtres et les ouvriers devraient envoyer chacun des représentants spéciaux qui se feraient alors les interprètes d'intérêts véritables et distincts. On pourrait donner à chacun de ces corps les subdivisions qu'on croirait nécessaires. Sous ce rapport, on ne peut que déplorer l'abolition des corporations. Aujourd'hui les intérêts sont divisés à l'infini, les tendances sont éparpillées, on marche à tâtons et au hasard. Les intérêts ne se règlent ni sur les localités ni sur les propriétés; il faut saisir leurs bases véritables et y asseoir exclusivement la représentation nationale.

Il y a deux chambres : la chambre haute et la chambre basse, celle des députés ou des communes, et celle des lords ou des pairs. L'une représente le peuple, l'autre les nobles ou le pouvoir. Leurs droits sont égaux, si ce n'est qu'en matière d'impôts la chambre des députés a le pas sur celle des pairs, qui, de son côté, se constitue parfois en tribunal suprême pour juger certains crimes politiques. En Angleterre, la noblesse est une puissance par elle-même, mais là où, comme en France, elle est nulle, la chambre des pairs n'est pour ainsi dire qu'une superfétation de la magistrature et un simple auxiliaire de la royauté. Tant que la pairie est à la nomination du roi, qu'elle n'est point héréditaire et que le nombre des pairs n'est pas limité, toute opposition qui voudrait profiter de l'inamovibilité conférée aux pairs, peut être neutralisée par de nouvelles promotions. La simple loi de gratitude et de calcul semble devoir faire de la pairie un instrument obéissant dans la main du pouvoir. D'ailleurs, les magistrats de tout ordre, les fonctionnaires salariés n'étant pas exclus de la chambre des députés, et comme, d'autre part, aucune loi fixe ne détermine d'une manière précise la composition de la chambre des pairs, elle est exposée à recevoir dans son sein telle illustration ou telle médiocrité qu'on veut bien lui donner. Dans un pays où les pauvres seraient en plus grand nombre et auraient plus d'importance que les nobles, il serait tout aussi rationnel peut-être de constituer pour eux une chambre particulière. Mais quelque défectueuse que soit l'organisation de la chambre des pairs, son existence est motivée par la nécessité de deux chambres qui se contrôlent, se stimulent ou se tempèrent l'une par l'autre. La chambre haute débarrasse le pouvoir royal d'une initiative souvent périlleuse, et le dispense, par son veto, d'entrer en opposition ouverte avec la chambre élective. C'est ainsi qu'aux États-Unis, en Norvége, en Allemagne, les chambres hautes ne sont point sorties d'une classe particulière de citoyens, mais ne paraissent avoir été instituées que pour contenir et réprimer les chambres populaires.

Les chambres, bien ou mal constituées, et une fois assemblées, on discute; et l'art oratoire devient l'arbitre suprême du gouvernement représentatif. Un homme qui parle bien a dans sa voix et dans son geste une puissance sublime, royale. Il impose le silence, il entraîne la chambre, il entraînerait tout un peuple. Tant qu'il ne défend que la vérité, tout va pour le mieux; mais s'il met son éloquence au service de l'erreur ou du mensonge, le tort qu'il cause est double, parce qu'il empêche le bien et produit le mal. Un orateur peut se tromper involontairement, comme il peut aussi trouver son intérêt à défendre le contraire de sa conviction; et si son art est supérieur, il pourra même alors, par le prestige de sa parole, faire aisément triompher une mauvaise cause.

Un orateur peut être corrompu : vendre son silence comme ses discours. On entend des orateurs pour et des orateurs contre, sur chaque question ; mais les talents n'étant pas les mêmes, la défense ou l'attaque ne sont pas égales. Des subtilités ou des paradoxes habilement composés et brillamment énoncés peuvent en imposer aux hommes qui n'ont pas d'opinions arrêtées, ébranler et détruire les convictions mêmes. Peu de députés étudient les questions à fond, peu les conçoivent entièrement, et le plus grand nombre, à part leurs engagements de parti, se laissent aller au gré de l'éloquence.

Quand on s'est lassé de la discussion, on passe au vote, et la majorité décide ; mais il s'en faut de beaucoup qu'elle prenne toujours la meilleure décision et opte pour la vérité. La vérité dans toutes les questions du monde n'est comprise que de la minorité de toutes les assemblées possibles. L'esprit et les connaissances ne sont le partage que du très-petit nombre ; et de toutes les connaissances, celle des affaires publiques est la plus difficile, car il n'y a pas d'organisation plus compliquée que celle de l'État. Que sont donc tous ces braves et loyaux députés, car nous voulons bien les supposer tous loyaux? Le fermier ou le fabricant peut-il voir clair dans une question d'équilibre politique ou d'étiquette diplomatique? Connaissent-ils la Russie, la Syrie ou la Servie aussi bien que leur ferme ou leur fabrique? Ont-ils de suffisantes notions sur l'Inde ou l'océan Pacifique?

Avec beaucoup de connaissances, sans conscience, et avec un peu de charlatanisme, comme un orateur exploitera l'ignorance et la bonhomie d'un tel auditoire! La religion, la nationalité, la liberté, la civilisation, tout y sera intéressé; il confondra tout pour étourdir son monde. —On s'éclaire, dira-t-on, par la discussion; mais les débats de quelques jours peuvent-ils contenir un cours complet de toutes les sciences politiques? — L'éducation est en progrès, objectera-t-on; attendons donc qu'elle ait progressé et qu'elle ait éclairé les masses. Le bon sens est un bon guide sans doute, mais il ne peut remplacer la science, et ne suffit pas toujours pour démasquer l'intrigue et déjouer la cabale.

Vient ensuite la corruption qui ruine de fond en comble ce futile échafaudage, qu'on se plaît à qualifier de triomphe de l'esprit humain. Et qui peut sonder toutes les plaies qu'elle produit? Elle démoralise une chambre, elle en fait un jouet du pouvoir, en distribuant des colifichets, des rubans et des sinécures; et si elle ne peut rien sur la représentation, elle va l'atteindre dans son germe, s'adressant aux électeurs et les rançonnant de son mieux. L'abus est parfois si grand, que le parti national se voit obligé d'avoir recours aux mêmes expédients et d'imiter le gouvernement dans ses sourdes menées. C'est alors que le mal est à son comble, que le pays est au-dessous de ses institutions, et qu'il n'est pas digne de la liberté.

Où est le salut, et quelle voie prendre? Le grand homme du jour l'a dit : «Moralisez-« vous!» — Oui, moralisez-vous, afin que la

corruption vous trouve inaccessibles à ses séductions, et qu'elle retombe sur ceux mêmes
qui prétendaient vous faire succomber! Mettez votre boule au-dessus d'une décoration ,
votre vote au-dessus d'une place, votre conscience à un prix que ne pourra atteindre le
gouvernement; car il y a des déficits devant
lesquels il devra reculer. Si le gouvernement
remplit sa tâche, soyez fidèles à la vôtre. Il est
de son devoir de chercher à se rendre les députés dociles ; la faute n'en est qu'à vous, s'il y
parvient. Ayez des députés qui parlent et votent comme vous l'entendez, et comme ils le
peuvent; et si vous les surprenez infidèles à
leur mandat ou à leur talent, vous avez le
châtiment dans vos mains. Mais si vous préfé-
rez les dons du gouvernement au bien de votre
pays, des avantages puérils, mais proches et
personnels, à des biens plus éloignés, mais
publics et plus considérables, ne vous en pre-
nez qu'à vous-mêmes; attendez-vous à la ruine
de vos institutions, et voyez-la sans frémir,

Les réformes nécessaires viendront avec des députés énergiques et consciencieux. Ne donnez vos suffrages qu'à ceux-là : ils sauront appliquer au mal des remèdes véritables au lieu de palliatifs. Ne sommeillez pas, car le gouvernement veille toujours. Le régime constitutionnel est fondé sur l'équilibre, et tout équilibre est ainsi fait, qu'un atome peut le détruire. Voyez quel immense cercle décrit un levier, lorsque le plus léger surpoids le fait pencher. Une seule chambre mal composée fera des maux irréparables, mais une seule aussi peut assurer la prospérité du pays pour de longs jours.

On convoite le pouvoir, et, tant qu'on ne l'a pas, on fait du libéralisme et de l'opposition ; on crée tous les embarras possibles au gouvernement ; puis, quand on est parvenu aux affaires, on fait volte-face à la cause nationale, et on l'attaque aussi énergiquement qu'on l'a servie dans le temps, quoique moins ouvertement. On devient aussi dévoué au pouvoir qu'on a été libéral : à son tour, on jette des lacets au peuple, qui s'y prend d'autant plus aisément qu'il ne voit que des anciens amis dans les nouveaux traîtres à la cause de la liberté. Initié qu'on est dans les affaires et les secrets du peuple, on arrive à le museler plus ou moins, et à rendre impraticable la route par laquelle on est parvenu. Puis un beau jour le pouvoir échappe et on se rejette de nouveau dans les bras de l'opposition. Le gouvernement et l'opposition sont assez faibles ou aveugles pour souffrir tout ce jeu d'intrigants, et pour fêter tour à tour des hommes aussi dangereux au pouvoir qu'au peuple, toujours prêts à changer d'étendard et de principe. Ce n'est pas à la forme du gouvernement qu'il faut s'en prendre de tous ces infâmes manéges; ils ne doivent peser que sur les hommes assez lâches pour se les permettre. S'ils exploitent le présent à leur gré, l'avenir les démasquera à son tour, et fera voir leur laideur dans toute sa nudité.

La tactique parlementaire me paraît entachée d'un grave défaut, principalement en ce qui touche ce qu'on appelle *le vote systématique*. Voter avec l'opposition *quand même*, ou voter avec le ministère, *advienne que pourra*, c'est s'imposer un frein bien lourd, c'est méconnaître les devoirs de la représentation, la liberté du vote et de la conscience. Que le pouvoir apporte un projet utile au pays, l'opposition vote contre, uniquement par la raison que ce projet est présenté par un ministère qu'elle s'est imposé le devoir de renverser, devoir qui se renouvelle pour elle à l'égard de tous les ministères. Une semblable tactique, loin de discréditer le pouvoir, ne devrait préjudicier qu'à l'opposition. D'autre part, que le ministère dépose un projet pernicieux pour le pays, la majorité l'adopte, dans le seul but de soutenir le gouvernement. A quoi servent donc le discernement et l'esprit, la discussion et la représentation, si l'on est dispensé du raisonnement, et que l'on s'en rapporte sur toute chose au chef de parti, ou, plus simplement encore, au mot d'ordre? Des automates pourraient au besoin remplir le rôle de députés, du moment que ce rôle se réduit à dire oui ou non, toujours oui ou toujours non. Jeter dans l'urne des boules blanches ou des boules noires, n'est pas toute la mission des députés; soutenir ceux dont on est partisan par des hourras forcenés, intimider les adversaires par des cris féroces, ou les déconcerter par des rires moqueurs, c'est là un procédé indigne de véritables représentants; se mettre l'esprit à la torture pour déterrer dans un projet bon quelque chose de mauvais, ou quelque chose de bon dans un mauvais projet, cela doit répugner à des hommes sérieux.

Ce n'est pas dans la représentation seule que réside toute l'essence du gouvernement constitutionnel; la délibération en est la partie la plus importante. C'est méconnaître et ravaler la mission des députés, que de la borner simplement à l'expression du vœu et de l'opinion de leurs électeurs, qui, du reste, ne sont pas toujours là pour les conseiller, et ne sauraient *à priori* se prononcer sur toutes les questions qui peuvent se présenter dans une session parlementaire. La fidélité au mandat n'exclut pas, mais nécessite au contraire le libre examen de tous les projets. Avec des engagements contractés d'avance, la discussion serait superflue et inutile. La majorité une fois établie et constatée, les débats ne sont plus qu'une forme vaine; ils ne laissent plus à l'opposition que la puérile satisfaction de harceler le ministère, et ne présentent au peuple qu'un amusement dépourvu d'intérêt. Aussi, à l'ordinaire, ceux des députés qui se réservent la liberté du vote vis-à-vis de leurs électeurs comme vis-à-vis d'eux-mêmes, disposent de la majorité et des affaires, en venant renforcer par leurs suffrages, tantôt l'un et tantôt l'autre parti. Tous, selon moi, devraient être du juste milieu ou du centre gauche, ne s'obliger jamais qu'à se diriger sur leur conscience, et

n'être d'aucun parti, excepté de celui de la vérité et de la raison.

Un autre fait m'a toujours frappé dans les
pays constitutionnels. Les républiques ne souffrent pas les partisans de la tyrannie, mais les
persécutent autant qu'elles les redoutent. Les
gouvernements absolus procèdent avec aussi
peu de ménagement à l'égard des libéraux.
Les gouvernements constitutionnels, au contraire, laissent vivre en paix les radicaux et les
républicains qui sont leurs ennemis naturels,
étant ceux de la monarchie. De quel côté est la
liberté? La liberté des opinions et des convictions est évidemment du côté du régime constitutionnel; et la république ne les opprime, dans
l'intérêt de la liberté, qu'autant qu'il serait démontré qu'elle est le gouvernement le plus libre; or, son peu d'indulgence pour les opinions
qui lui sont opposées prouverait le contraire.
Cette différence de procédés devrait discréditer les autres formes de gouvernement, les

rendre impossibles, ou les forcer à entrer dans une voie plus libérale. Tant que la représentation légale des opinions révolutionnaires n'aboutit qu'à constater leur impuissance et qu'à relever la force du parti régnant, tout va pour le mieux; mais le jour où le mécontentement, l'inconstance ou l'amour des changements auront discrédité le pouvoir, ou donné de l'appui au parti contraire, il sera plus aisé à celui-ci de renverser un édifice où on l'aura laissé librement pénétrer. L'indifférence du gouvernement constitutionnel pour les opinions ennemies est donc un courage qui peut passer pour de la témérité ou de l'aveuglement, toutes les fois qu'elle ne tient pas à de la faiblesse. Mais le plus souvent elle dégénère en de sourdes menées contre les opinions hostiles, quand on ne peut se permettre une persécution ouverte. Placé entre l'alternative de périr par sa loyauté ou de se conserver par la corruption, le gouvernement constitutionnel est forcément porté à opter pour le second moyen. La liberté des opinions est le plus grand ressort de ce régime, mais elle est aussi le germe de sa destruction.

La monarchie constitutionnelle est le triomphe de la conception humaine, en tant qu'elle ouvre la lice à toutes les opinions, et les fait concourir toutes au bien public ; mais comme il ne peut entrer dans ses vues de céder un jour sa place, la pratique ne vaut pas la théorie, et la réalité condamne le principe. Les hommes de toutes les opinions ne se bornent pas à apporter leur part de lumière aux débats ; et, le feraient-ils, qu'une question envisagée sous des points de vue diamétralement opposés, débattue sous l'influence de principes aussi contraires que ceux de la république, de l'absolutisme, de la révolution ou de la conservation, ne peut pas donner lieu à des délibérations d'une grande utilité. Chacun voulant faire triompher son principe, le gouvernement constitutionnel devient une carrière ouverte à des luttes acharnées, un état constant de guerres perpétuelles.

Le pouvoir, quel qu'il soit, sera toujours la pomme de discorde : ainsi sont fait les hommes. La lutte n'est pas autant entre les principes qu'entre les personnes, et, entre les personnes, la lutte sera éternelle.

Pourtant le gouvernement constitutionnel ne devrait pas être un simple armistice entre la royauté et le peuple, dans cette guerre éternelle pour la liberté, une simple transition entre la monarchie illimitée et la république ; car il est en même temps l'amélioration de l'une et le perfectionnement de l'autre. La royauté constitutionnelle n'est point une concession aux préjugés monarchiques, accordée par la faiblesse des peuples à la puissance des rois, pas plus que les images ne sont une concession du christianisme au paganisme, des restes de l'ancien culte, que le nouveau s'est appropriés pour rendre moins brusque et moins sensible la transition d'une religion à une autre. La royauté est une condition nécessaire de l'équilibre des pouvoirs, équilibre sur lequel repose l'ordre dans l'État, et sans lequel il n'y a ni garantie de liberté, ni chances certaines d'une bonne administration. Elle est le troisième point du levier politique, et ce point détruit, entraînerait dans sa chute la ruine de la liberté et de la tranquillité publiques; car si l'on donnait aux chambres le pouvoir d'élire les ministres, elles joindraient la puissance exécutive à la puissance législative, et seraient naturellement constituées en pouvoir tyrannique, d'autant plus qu'il n'y aurait personne pour les contrôler et les réprimer elles-mêmes. La royauté constitutionnelle est le juste milieu entre la faiblesse et la tyrannie. Soustraite aux brigues des partis, aux chances de l'élection, inamovible et se prêtant aux progrès, elle remplit toutes les conditions d'un pouvoir exécutif sagement combiné, conditions de durée et de puissance. Son pouvoir est dûment limité, non par le temps, mais par des institutions avec lesquelles la capacité même du souverain devient une

chose moins indispensable et plus indiffé-
rente.

Plusieurs inconvénients paraissent inhé-
rents au régime constitutionnel.

La lenteur des affaires est de ce nombre.
Elle ne vient pas du pouvoir exécutif autant
que du pouvoir législatif. Le premier peut
fonctionner avec toute la promptitude dési-
rable, du moment qu'il se renferme dans
toutes les formes légales, ou est assuré de
l'approbation des chambres.

Quant aux lois à faire, on ne peut que s'applaudir de l'examen auquel les chartes les
soumettent : pour être moins vite faites, elles
sont mieux approfondies et sortent moins im-
parfaites des épreuves qu'elles subissent. La
promptitude des gouvernements absolus n'est
souvent que de la précipitation qui ne laisse
après elle que des désappointements. La responsabilité des fonctionnaires est presque toujours excessive dans les pays où le bon plaisir

du roi est le seul juge : elle lie la liberté d'action bien plus que là où elle peut se mouvoir dans des limites certaines et définies par les lois.

La publicité donnée à toutes les affaires est un inconvénient plus grave. Grâce à elle, les pays étrangers pénètrent aisément les intentions du gouvernement, le faible et le fort des pays constitutionnels. Les gouvernements absolus, qui cachent soigneusement aux yeux de tous leur faiblesse et leur force, peuvent réserver des surprises désagréables aux peuples libres, profiter de leurs discordes et faire les affaires à l'ombre. Ils sont, au surplus, secondés dans cette voie par une autre espèce d'avantage bien réel. Ils peuvent donner à leur politique une direction constante, et l'immobiliser entre les mains des fonctionnaires, qui restent au pouvoir bien plus longtemps que dans les pays constitutionnels, où la politique change chaque fois que changent les ministres. Heureusement les lumières, qui se répandent de plus en plus, pénètrent et dévoilent peu à peu les pays absolus, et une politique constamment la même se trahit par sa constance même. Les capacités dans les pays constitutionnels ayant un accès plus facile au pouvoir que dans les gouvernements absolus, peuvent aussi lutter avec quelque chance de succès contre l'expérience que le temps donne aux fonctionnaires des gouvernements absolus.

Quant à la facilité qu'ont les rois absolus de disposer sans contrôle de l'argent de leurs contribuables au service de leurs entreprises, les peuples constitutionnels peuvent bien se consoler à cet égard, par la certitude qu'ils acquièrent que l'urgence et l'utilité président à toutes les dépenses, et surtout par l'impossibilité où ils mettent le gouvernement d'abuser des deniers publics, de ruiner le présent et l'avenir pour des causes indignes de grands sacrifices. Au besoin, les députés peuvent être aussi généreux et même aussi prodigues que

les rois, de l'argent qui n'est pas le leur; et,
en temps de calamité, ou de danger, le peuple s'imposera pour sa propre cause plus de
sacrifices que là où cette cause semble n'être
que celle des rois.

CHAPITRE III.

De la République.

—

De nos jours les républiques ne sont guère de saison; elles sont plus ou moins discréditées, et on les croit assez généralement impossibles. L'intérêt personnel et la crainte peuvent entrer dans cette prévention pour quelque chose : on ne veut pas se mettre mal avec le pouvoir et rompre tout à fait avec la royauté. Mais la conviction est aussi pour beaucoup dans cette opinion, et c'est elle seule qui doit nous occuper.

On croit les hommes et les peuples moins libres de nos jours qu'ils ne l'étaient dans

l'antiquité. La haine des tyrans et l'amour de
la liberté paraissent avoir été plus enracinés
chez les anciens que parmi les modernes. Machiavel attribue cette différence à celle des
religions. La religion chrétienne recommande,
il est vrai, la patience dans le malheur, la résignation à l'injustice, des vertus calmes et
pacifiques, mais elle prescrit aussi la justice
et l'équité aux souverains, elle ordonne de
souffrir pour le bien, et ne s'oppose nullement
à la consolidation de la liberté publique.

Est-ce la vertu qui nous manque? Mais la
vertu est nécessaire à tous les États : ils se dé-
composent tous dès qu'elle s'en éloigne. Ou
bien faut-il n'entendre avec Montesquieu, par
vertu, que la frugalité, l'égalité et la pauvreté?
La frugalité des anciens était une vertu obligée,
une conséquence forcée de leur pauvreté.
Quant à la pauvreté elle-même, je ne pense
nullement qu'elle soit une condition indispensable de la liberté; bien au contraire, le
pauvre dépend du riche, et qui dit riche, dit

indépendant : la richesse amène et consolide la liberté en assurant la propriété et en émancipant le travail. Quant à l'indépendance nationale, rien ne prouve que le riche n'y tienne pas autant que le pauvre, et il n'est pas vrai que celui qui n'a rien soit un meilleur soldat qu'un autre; c'est tout au plus s'il est un hardi brigand : le courage ne se règle pas en raison inverse de la fortune.

Reste donc l'égalité. Elle était, sans contredit, mieux établie dans l'antiquité que de nos jours, et sa disparition a toujours entraîné la dissolution des républiques. Pour être égaux en droits, il faut, jusqu'à un certain point, l'être de fait. Il ne s'agit pourtant pas ici d'une égalité absolue : un mendiant peut être plus libre dans son vote qu'un fonctionnaire public. — L'égalité est une bonne et belle chose sous plus d'un rapport; elle a bien des attraits et bien des séductions. L'égalité des richesses rendrait impossibles toutes ces discussions d'intérêt, ces discordes et ces procès qui tourmentent la société, ces brigues, ces menées et ces crimes qui la souillent. Elle bannirait le vol et ferait régner forcément la morale. Les hommes ayant moins de causes d'envie et de dispute, seraient plus étroitement unis pour le bien commun, pour le bien de l'État, qui en retirerait de graves avantages. Plus le cercle de l'activité individuelle est circonscrit, plus s'étend celui de l'activité publique, et les efforts des hommes se reportent nécessairement sur l'État. Mais d'autre part, l'égalité tuerait toute activité individuelle, et cette activité produit souvent de grandes choses; elle détruirait les richesses qui, à tout prendre, valent mieux que l'égalité dans la misère, et, à ce prix, l'égalité elle-même serait trop chèrement payée. Il en est de la richesse à peu près comme de l'esprit : répartie également entre tout le monde, elle deviendrait imperceptible dans la masse et s'annulerait en se divisant. En outre, et c'est là une remarque aussi ancienne que la science, l'égalité est la plus haute injustice quand elle rétribue le mérite et l'activité à l'égal de l'incapacité et de l'oisiveté. Heureusement que l'égalité extrême n'est pas indispensable ni pour la république, ni pour la liberté.

On croit généralement que les républiques ne sont faites que pour de très-petits États ; que les provinces éloignées de la métropole s'en émancipent trop aisément en passant sous le despotisme d'un seul. Mais ceci arrive dans tous les États indifféremment, surtout lorsque les gouverneurs des provinces réunissent en leurs mains le pouvoir militaire au pouvoir civil. Si la république se perd en s'étendant, trop petite, elle reste trop faible, et serait facilement opprimée ou conquise, de manière qu'il n'y aurait plus de limites qu'on pût assigner à une république, et son existence serait impossible.

Il y a une autre raison qui rend les démocraties pures incompatibles avec les États trop considérables. Les assemblées générales du

peuple ne sont faciles que dans des villes ou
des pays de peu d'étendue. Elles enlèvent trop
de temps, et causent trop de pertes partout où
un déplacement trop grand condamne les affaires privées à une trop longue interruption.
Dans l'antiquité, les hommes libres abandon-
naient aux esclaves le soin de leur maison et
de leur fortune. Le travail de l'homme libre
se bornait à la part qu'il prenait aux affaires
de l'État. Aujourd'hui les choses ont changé,
et les intérêts publics trouvent leur plus grand
écueil dans les intérêts matériels des particuliers. Les seconds absorbent presque toujours
les premiers, et l'indifférence aux affaires publiques est incompatible avec la république.
Solon la punissait de l'infamie.

Le plus grand obstacle à l'établissement des
républiques me paraît être dans la liberté individuelle, que l'on considère généralement
comme un bienfait des temps modernes, et à
laquelle l'antiquité était essentiellement opposée. En effet, l'État doit prédominer sur l'in-

dividu; mais ce n'est que dans l'intérêt de la liberté publique, sans laquelle il ne peut y avoir de liberté privée, et ce principe ne doit être étranger à aucune forme de gouvernement. Si tous sont esclaves, la liberté de chacun ne peut être qu'une dérision. Lorsque le corps est malade, les membres ne peuvent pas être sains. La liberté individuelle, dont on se pare tant de nos jours, n'est, le plus souvent, que de l'égoïsme qui ruine la vertu, morcelle les forces, divise et affaiblit les intérêts et les tendances. La tyrannie même, pour le bien public, n'en est pas une, tandis que l'indépendance privée compromet la liberté publique, et mène droit à la tyrannie. Elle doit être réprimée dans l'intérêt de la liberté même. Puis il n'y a encore que trop d'entraves à la liberté individuelle dans nos sociétés actuelles, et la république peut comporter une large part de liberté privée.

Se gouverner soi-même est difficile pour un

peuple tout autant que pour les individus;
mais il est encore plus difficile de gouverner
autrui. Nous sommes souvent les meilleurs
juges de ce qui nous convient le mieux, et il
y a des gens, comme il peut y avoir des peuples, qui se gouvernent par eux-mêmes mieux
que d'autres ne sauraient le faire. Le gouvernement populaire a toujours cet avantage, qu'il
est en paix avec lui-même, et dans la satisfaction de ses propres œuvres, car il ne tient qu'à
lui de changer ce qui est; tandis que sous un
gouvernement monarchique, on s'en prend
de tout à l'autorité, on exagère les maux, et
on ne tient compte ni des obstacles ni des
difficultés.

Le peuple est un tyran comme un autre, souvent plus cruel et plus aveugle, rarement plus
circonspect et plus sage. Accessible à la flatte-
rie, il en est avide autant qu'un monarque peut
jamais l'être; il a ses colères comme ses préjugés, ses prédilections comme ses antipathies.
Loin d'être aussi éclairé qu'un seul peut l'être,

il est sujet à de plus graves erreurs; il a les vices des individus, sans avoir leurs bonnes qualités, et en outre il a des défauts qui lui sont propres. Il est quelquefois plus facile à abuser, et il agit avec plus de précipitation : l'histoire nous en offrirait des preuves sans fin. L'ignorance où le peuple d'Athènes se trouvait à l'égard de la Sicile, lui a fait entreprendre une guerre désastreuse ; le sort de Milet n'a dépendu que de la vitesse de la galère chargée de révoquer l'ordre de sa destruction. Aristagoras, qui n'a pu surprendre Cléomène seul, parvint à tromper trente mille Athéniens. L'inquisition de Venise, le régime de la terreur en France, ont bien de quoi discréditer les républiques, quand même on devrait attribuer à la révolution la plus grande partie des massacres qui l'ont souillée: De peur d'être maltraités, les hommes de couleur ne votent pas aux États-Unis, et la liberté d'opinions y existe de fait bien moins que de droit. Là, quiconque ne pense pas comme la majorité, en subit toute la tyrannie. Le peuple, comme une mer inconstante et orageuse, une fois qu'il est mis en mouvement, ne se calme que difficilement. Aujourd'hui il court avec ses chefs au Capitole, demain il les précipitera de la roche Tarpéienne, ou les exilera par l'ostracisme. Les crimes des rois sont peut-être plus nombreux que ceux des peuples; mais le pouvoir des premiers a eu plus de durée; et si la politique peut apporter des perfectionnements à la république, les constitutions ne peuvent que réconcilier l'avenir avec la monarchie.

Le peuple est un mauvais juge; la connaissance et l'application des lois ne sauraient être familières à la multitude. Son bon sens est tout au plus apte à discerner les faits, et à décider s'ils ont réellement eu lieu. Le pouvoir judiciaire ne peut donc être confié au peuple que pour l'appréciation des faits. Les crimes politiques ne doivent pas être de sa compétence : étant souverain, il est partie, il ne peut être juge. Le crime de lèse-nation est aussi riche en atrocités que celui de lèse-majesté.

Le pouvoir exécutif ne doit être confié qu'à des gens spéciaux et expérimentés ; le peuple n'a le temps que d'ordonner ou tout au plus de surveiller l'exécution de ses ordres. Le pouvoir législatif est le seul qui lui soit propre.

La multitude est plus à l'abri de la corruption qu'une minorité quelconque ; mais un roi absolu l'est plus encore, si c'est possible, et les magistrats populaires, sortant des classes indigentes, sont plus sujets à la vénalité. Jugurtha n'a pas emporté de Rome l'opinion de Pyrrhus ; il n'y a pas trouvé de Fabricius, et, pour un Aristide, Athènes avait un Thémistocle et un Alcibiade, et Sparte elle-même a eu des Lysandre et des Pausanias.

Deux esprits valent mieux qu'un seul, mais la proportion ne s'étend pas à des milliers d'esprits. Les règles des mathématiques ne sont pas celles de la politique. Le banquet où chacun apporte son plat ne vaut pas toujours mieux que le repas d'un particulier, comme l'a prétendu Aristote. Le mérite vaut mieux que le nombre, et, dans les démocraties, c'est le nombre et non pas le mérite qui gouverne.

Le système représentatif adapté aux républiques, peut éviter bien des abus, aplanir bien des difficultés, éloigner la masse ignorante de la participation directe aux affaires, rendre possible le gouvernement démocratique dans des pays vastes, appliquer enfin les règles d'une sage politique à l'administration publique, mais il ne pourra ni établir le pouvoir exécutif, ni le coordonner avec les deux autres pouvoirs, aussi bien que le fait la monarchie constitutionnelle.

Les chefs de la république sont électifs, et ne conservent leur pouvoir que peu de temps. De là, plusieurs avantages et plusieurs inconvénients. L'inamovibilité du pouvoir, surtout lorsqu'elle s'unit avec l'irresponsabilité, endort et rend insouciant le chef de l'État, ou

bien elle en fait un tyran. L'éligibilité, au contraire, produit une digne émulation, tant
parmi les prétendants au pouvoir que parmi
ses dépositaires. L'effet est surtout immanquable, lorsqu'il peut y avoir réélection. On
veut se faire regretter, ou désirer et conserver, comme on veut aussi illustrer son passage
au pouvoir par des faits éclatants et glorieux ,
par une administration juste, éclairée et une
gestion désintéressée.

On se demande souvent d'où vient que le
nombre des grands hommes dans l'antiquité
a été plus considérable qu'il ne l'est de nos
jours. Il serait faux de croire que notre race se
soit abâtardie, comme il n'est qu'à moitié juste
de supposer qu'en s'élevant par la civilisation,
elle soit arrivée à une sorte de niveau général, et que les lumières, en s'étendant, ont
égalisé les intelligences et rendu la prépondérance beaucoup plus difficile. Le génie et les
grands caractères ne perdent rien de leur importance en s'alliant avec l'instruction. Les

institutions seules ont rendu les illustrations moins fréquentes en rendant l'accès au pouvoir moins facile, en le concentrant dans les mains d'un seul et en lui concédant l'élection des fonctionnaires. Le peuple s'acquitte mieux de cette mission que les souverains, car il est plus à même de connaître les hommes, se trouvant avec eux dans un contact plus immédiat et plus fréquent. On se méfie d'un prince ; on ne peut se garantir de la surveillance de tout un peuple, qui pénètre les moindres qualités et apprend les plus petites actions d'un homme, et c'est là souvent qu'est la juste mesure de sa valeur. Le gouvernement d'un peuple se rapproche beaucoup de celui de la famille : un bon père sera généralement un bon chef. L'homme cruel ou injuste envers ses enfants le sera encore plus avec ses concitoyens ; ne le fût-il qu'envers ses domestiques ou ses animaux, il le sera de même envers ses subordonnés. L'homme prévenant et obligeant pour les petits ne sera fier qu'avec les grands.

L'homme courageux dans les événements de chaque jour le sera infailliblement aux yeux du public ou en présence des grandes assemblées.

Mais, d'autre part, l'élection amène toujours des intrigues, et le peu de durée du pouvoir ne permet pas à ceux qui l'exercent d'acquérir la connaissance et l'expérience nécessaires à la conduite des affaires publiques. L'envie même de s'illustrer que ressentiront les chefs peut engager le peuple dans des guerres inutiles ou désastreuses, dans des entreprises ruineuses, partout où la constitution n'y met pas d'entraves. Le changement des chefs de l'État est toujours suivi de celui d'un grand nombre de fonctionnaires ; et si c'est là un inconvénient sensible, même dans les monarchies constitutionnelles, où ne se remplacent que les ministres, il est bien plus déplorable dans les républiques, où le changement atteint le chef de l'État lui-même. Il est vrai que, sachant d'avance à quoi ils doivent s'attendre, les employés disposent tout pour leur retraite et leur rentrée dans la vie privée; mais leurs intérêts personnels, comme les intérêts de l'État, ne laissent pas de souffrir considérablement de cette instabilité. A tout cela, on peut objecter que les menées des partis constituent la vie politique du peuple; que leur assigner une arène, un but, une époque fixe, c'est les régulariser; que la tyrannie grandit à l'abri de l'indifférence populaire pour les affaires publiques; que les intérêts privés ne font, de gré ou de force, que servir les principes qui ne peuvent vaincre sans combattre; que les connaissances politiques sont de nos jours à la portée de tout le monde; que le génie d'un élu vaut mieux que l'expérience d'un chef à long terme, sans parler de l'incapacité et de l'ignorance d'un héritier imbu de préjugés, ou d'un enfant dans les langes; que l'élection, la destitution et le déplacement des fonctionnaires, peuvent être répartis entre plusieurs corps ou pouvoirs, ainsi que cela se fait, entre autres, aux États-Unis, où la distribution des emplois est abandonnée au président, mais soumise à la confirmation du sénat ; qu'enfin il est plus logique de chercher à placer la capacité au sommet du pouvoir que de s'appliquer seulement à paralyser l'incapacité des monarques par des chartes ; que le principe de l'élection, une fois reconnu juste et utile, ne perd rien en s'étendant au chef de l'État.

Mais les factions ne sont pas un bien ; elles sont plutôt un mal, surtout lorsque, dépassant les moyens légaux, elles ont recours à des moyens condamnables, à la corruption ou aux violences. L'indifférence pour les affaires publiques n'est pas autant à craindre que l'ambition qui dévore les hommes, et les pousse au pouvoir par des voies indignes et au détriment des intérêts les plus graves.

Le pouvoir exécutif doit être puissant, et « sa durée, a dit M. de Tocqueville, est un premier élément de sa puissance : on ne craint

ni on n'aime ce qui ne doit pas durer longtemps. » Le même auteur nous apprend que
l'approche de l'élection du président amène
aux États-Unis une apathie et une indifférence
dans le pouvoir exécutif qui ne peut être que
funeste.

Quant à la régularité et à l'unité d'un système trop conséquent avec lui-même, elles ne
sont pas nécessaires dans un édifice aussi
compliqué que le gouvernement d'un grand
pays. Il est même bon que le principe de l'é-
lection s'arrête devant le chef de l'État, que
les brigues et les menées ne montent pas jusqu'à la cime du pouvoir, que tout plie devant
le prince et rentre à sa voix dans le devoir.
Inamovible et irresponsable, il doit veiller sur
les ressorts qui font mouvoir l'État, les contenir les uns par les autres, régler leurs fonctions respectives, et maintenir l'ordre et la
liberté en empêchant les empiétements d'un
pouvoir sur l'autre. L'organisation du pouvoir exécutif a toujours été l'écueil des démo-

craties. S'il est trop faible, la machine gouvernementale fonctionne mal; trop fort, il compromet les intérêts populaires. Rome, dans les temps de danger, a dû créer des dictateurs investis d'un pouvoir royal, et les républiques italiennes, de peur de l'usurpation, appelaient des étrangers au commandement de leurs armées. La monarchie constitutionnelle évite tous ces périls : son chef tient un juste milieu entre trop et trop peu de force.

Reste le nom de roi qui choque la susceptibilité des républicains; ils voudraient l'abolir avant tout, comme un souvenir odieux, comme un reste inutile de l'ancienne monarchie, et donner de nouveaux noms à des choses nouvelles. J'avoue que je ne partage nullement leur aveugle prévention, et je mets la chose avant le mot, l'essence avant la forme. Je n'ai, au fond, de prédilection pour aucun titre; président ou dictateur, protecteur ou stathouder, roi ou empereur, peu m'importe : pourvu que la liberté et la prospérité du peuple soient assurées, j'adopterai tel nom qu'on voudra. Mais on ne rompt pas avec le passé aussi facilement qu'on le croit; ici il est même inutile de le faire, comme il serait également impolitique de contrarier les habitudes ou les préjugés de l'étranger, dont l'influence n'est jamais à dédaigner. Il est absurde de risquer la chose pour le mot, de mettre tout en jeu pour un seul nom. Il est même bon de conserver le titre de roi, ne serait-ce que comme un reste de la vieille royauté, un souvenir de son omnipotence passée et l'expression de la limitation présente de son pouvoir; il est bon de réconcilier le peuple avec ce nom, plus imposant qu'odieux, et qui ajoute à sa puissance un prestige, et lui donne un titre au respect qui ne peut que renforcer l'autorité du pouvoir exécutif, sans compromettre nullement les libertés du peuple.

CHAPITRE IV.

Conclusion des chapitres précédents. Maximes générales.

———

La perfection n'est pas donnée à l'homme ; elle est l'œuvre de Dieu. Les gouvernements que nous venons de passer en revue sont loin d'être parfaits ; ceux qu'on pourrait trouver à l'avenir ne le seront pas non plus. Les passions humaines viendront toujours démentir les plus sages prévisions, renverser ou corrompre les meilleures institutions. Si, laissant là la réalité, nous voulions nous élever dans le domaine de l'imagination, nous trouverions peut-être quelque chose qui ressemblerait à la perfection, mais qui serait certes dénué d'application pratique, un jeu d'esprit plus ou moins piquant et utile, mais qui, au fond, ne serait qu'un rêve.

Pour qu'une monarchie absolue fût parfaite, il faudrait qu'elle eût pour chef un dieu; la république illimitée demande des vertus qui ne sont pas communes parmi les hommes. Le gouvernement représentatif est le meilleur de tous, parce qu'il se base sur les faiblesses humaines, et, supposant l'erreur naturelle, cherche à l'éviter dans le contre-poids des passions, des intérêts et des forces.

Pour qu'un gouvernement soit parfait, il faut que le peuple le soit, et plus les hommes sont imparfaits, bruts ou corrompus, moins vaudra le gouvernement qui les régit. Mais les hommes parfaits n'ont pas besoin de gouvernement, parce qu'ils ne font rien de mauvais; et tant que les hommes seront méchants, il existera des gouvernements qui ne seront pas beaucoup meilleurs que les peuples. Aussi, après tout, n'est-ce pas le meilleur gouvernement qu'on doit se proposer comme le dernier but de ses recherches ; on doit plutôt songer à rendre inutile tout gouvernement, en rendant les hommes meilleurs.

On croit généralement que le meilleur gouvernement est celui qui est le plus analogue aux mœurs et aux lumières d'un peuple, qui est le plus conforme à son état de civilisation. Ceci ferait que la plupart des pays se trouveraient posséder en réalité le meilleur gouvernement dont ils soient susceptibles. L'Allemand est rêveur, spéculatif par sa nature ; il aime une existence tranquille, et préfère la vie de famille à la vie publique, la pensée à l'action. La monarchie serait donc le gouvernement qui lui convient le mieux, surtout lorsque ses monarques seraient des philosophes. La Russie est le pays classique du despotisme. La Suisse est le foyer des libertés démocratiques. Quoi qu'on en dise, les mœurs y sont très-pures, dans les parties au moins qui n'ont pas subi l'influence corruptrice de l'étranger.

La frugalité y est la compagne naturelle de la pauvreté. L'Angleterre est le berceau du gouvernement constitutionnel ; la discussion publique y est naturelle : jamais assemblée n'y manqua d'orateurs. La monarchie constitutionnelle est encore la meilleure république pour la France. L'Espagne est moins heureuse, précisément parce qu'elle ne s'est pas encore identifiée avec la forme du gouvernement qu'elle a emprunté. Les États-Unis sont dans une position toute particulière. Là sont venus s'établir, dans un pays nouveau, des hommes riches d'une expérience politique qu'ils ont pu sans peine appliquer à leur nouvelle patrie. Appartenant à une seule classe, à la classe moyenne, ils étaient égaux en richesse comme leurs enfants le sont encore en instruction. L'aristocratie foncière n'a pu s'y établir, parce que les terres y étaient immenses et les hommes en petit nombre, et que les lois sur l'héritage l'ont empêchée depuis. La misère n'y a pas encore pris racine, et le bien-être y est encore aisé à acquérir. Les émigrants trouvèrent donc en Amérique table rase pour leurs plans, et purent les établir à leur aise et *à priori*. Telle est au moins l'opinion que M. de Tocqueville a énoncée dans sa *Démocratie en Amérique*. D'autres, plus démocrates, ne partagent pas son avis; ils ne voient pas que des hommes purs dans les puritains qui les premiers sont venus en Amérique; ils croient que la conquête, la royauté et l'aristocratie ont ici, comme ailleurs, présidé à la distribution des terres. Enthousiastes du gouvernement des États-Unis, ils pensent que les institutions seules de ce pays ont rendu les hommes meilleurs et 'ont privé la richesse de toute influence politique, à tel point qu'elle y est plutôt un obstacle qu'un secours à l'élévation aux hautes dignités de l'État. — Ce qu'il y a de certain, c'est que les États-Unis, se trouvant isolés de toute influence étrangère, n'ayant ni invasion à craindre, ni guerre probable à soutenir, leur éloignement même leur donnant de trop grands avantages sur les puissances européennes, leur pouvoir exécutif a pu être plus faible que dans l'ancien monde, et la royauté n'y était pas de rigueur.

De tout ceci on déduit que le bien et le mal sont relatifs ; que ce qui est bon dans un certain temps et un certain pays, peut être impossible ou impraticable pour d'autres; que tel mode de gouvernement enfin qui convient à un peuple peut très-bien ne pas convenir à tous. Les Iroquois et les Sandwichiens ne sauraient que faire d'une constitution. Les Calmouks et les Tatares se querelleraient au lieu de discuter, et prendraient les coups de poing pour les meilleurs arguments. La presse ne pourrait guère prospérer dans les pays du bambou et des verges. Dans un pays où la civilisation est à naître, où l'instruction politique n'a pas encore vu le jour, il ne faut, pense-t-on, se reposer que sur les lumières des princes, et les parlements n'y sauraient être qu'un embarras. Un gouvernement absolu qui a pour chef un monarque excellent, pourra être infiniment meilleur qu'un gouvernement constitutionnel avec des minis-tres incapables ou des chambres corrompues. Un gouvernement nouveau, dit-on, ne vaut pas un gouvernement ancien, et le meilleur est celui qui s'est développé naturellement par la marche du temps et des événements. La liberté serait un mauvais don à faire aux peuples heu-reux dans l'esclavage, s'il était vrai qu'on pût retirer un vrai bonheur de ce régime. Il faut de la vertu pour la liberté, et elle ne prospère jamais chez des peuples corrompus. Une copie du gouvernement vaut rarement un original. On ne sait dire quel est le peuple le plus à plaindre, du peuple qui est au-dessus de ses institutions ou de celui qui leur est infé-rieur. On pense qu'il ne suffit pas de trans-porter les lois d'un pays dans un autre, si l'on ne les fait pas suivre des hommes pour qui elles sont faites et de ceux qui les font exécu-ter, et qu'il est par conséquent très-rarement bon d'emprunter les lois d'un autre peuple. A en croire M. de Tocqueville, le Mexique, pour avoir adopté la constitution des États-Unis, est ballotté entre l'anarchie et le despotisme militaire.

Je suis loin de partager toute cette manière de voir. Quelque justes que soient ces raisonnements, il faut bien se garder de leur accorder une foi entière. Quelque sensé que soit le principe de la conservation, il faut se garder de fermer à clef la porte du progrès et de la perfectibilité. Les règles du vrai, de l'utile et du juste ne se modifient pas sur les temps et les lieux, elles restent immuables à travers les siècles et les distances. Partout et toujours l'absolutisme est une mauvaise chose et la liberté en est une bonne. Une charte, si défectueuse qu'elle soit, vaut mieux que l'absence de toute garantie du peuple. Il vaut mieux imiter les bonnes institutions d'un autre peuple, que de conserver les vices originaires des siennes, et de persister dans de vieux abus.

Quelque anglaise que soit la constitution de la France, elle vaut bien mieux que son ancien régime, et l'on s'est partout bien trouvé de l'adoption des lois romaines, du système administratif et judiciaire de la France. Un peuple a beau être inculte, il saura bien trouver des individus qui le représenteront dignement auprès du gouvernement; leur bon sens saura discerner le bien et le mal dans une foule de questions, opposer des entraves à l'arbitraire, et trouver même des remèdes aux embarras du pays. Si les institutions doivent s'accommoder au peuple, le peuple peut et saura se façonner à ses institutions qui, à leur tour, feront son éducation, de même que les bonnes lois rendent les hommes meilleurs. Ainsi voit-on la civilisation arracher parfois la liberté de la presse; mais la liberté de la presse pourrait plus aisément et plus sûrement encore faire naître la civilisation.

Tel peuple, tel gouvernement. Quand des

millions d'hommes se laissent tyranniser par un seul, on a tort de ne s'en prendre qu'à lui : un autre en aurait fait tout autant, peut-être même plus à sa place ; mais il faut dire que ce peuple est un troupeau qui n'est pas digne d'être mené autrement. Un gouvernement sera toujours tel que le peuple le veut et le mérite. Quand on ne peut rien sur lui par la force, on s'y prend par la douceur ; car, quoi qu"il en coûte, on aime mieux bien gouverner, que de ne pas gouverner du tout. Il en est des hommes comme des animaux, des hommes pris en particulier comme en masse. Il y en a qui ne supportent pas les mauvais traitements, qui meurent sous les coups, quand ils ne peuvent pas faire mourir leurs oppresseurs. Il y en a d'autres, au contraire, qui ne marchent que sous l'impulsion des coups.

La meilleure constitution d'un peuple est sa constitution naturelle. Les chartes ne seront que des mensonges, des chiffons de papier sans valeur, partout où le peuple n'a pas en soi-mêmé la force de maintenir leur validité. Le peuple, au contraire, qui connaît son droit et est assez fort pour le faire valoir et respecter, n'y verra jamais porter atteinte. La crainte du châtiment éloignera toute tentative de ce genre. Le droit naturel est de toutes les chartes la plus complète et la plus belle : elle est écrite dans tous les cœurs et a le ciel pour protecteur. Avec un peuple mûr pour la liberté, les mauvais rois sont impossibles, et les mauvaises institutions deviennent bonnes par l'usage qu'on en fait. Les lois anglaises sont restées à peu près telles qu'elles étaient il y a des siècles, l'application seule en a changé, et on ne se ressent que médiocrement de leur imperfection. Les meilleures lois et les meilleures institutions ne serviront à rien à un peuple corrompu. On les éludera, on les laissera dépérir. Chez un peuple libre, un tyran ne trouvera ni bourreaux ni victimes.

La prospérité d'un peuple n'est point une chose définie d'une manière absolue. Elle consiste dans la satisfaction que chacun a de sa position, et elle peut se trouver sous un régime vicieux, comme elle peut manquer sous un gouvernement plus parfait. A cet égard, les sauvages sont peut-être plus heureux que les peuples policés, car ils n'ont ni la connaissance d'une position meilleure, ni le sentiment de leur nullité.

L'homme est une créature bien faible et bien malheureuse. Il n'est jamais pleinement content de son sort. Il a toujours un mieux devant lui qui le trouble tant qu'il ne l'a pas atteint, et qui ne le satisfait pas lorsqu'il y est parvenu. L'horizon de ses souhaits s'étend à mesure qu'il avance; un désir à peine accompli, est aussitôt remplacé en lui par un autre, et l'insatiabilité le réduit à un état de tourmente perpétuelle. Il est de sa nature de ne jamais se complaire en sa destinée. Esclave, il veut la liberté; libre, il regrette l'esclavage ou ambitionne le commandement. Il n'y a pas jusqu'à l'homme instruit lui-même qui ne soit parfois porté à envier l'ignorance, qui se présente à lui sous l'aspect de l'insouciance et du repos. Nous tournons toujours dans le même cercle vicieux. A peine avons-nous renversé la monarchie et établi la république, que la liberté nous accable de son poids et que nous nous donnons au premier tyran venu. Nous marchons au hasard et à tâtons, et nous cherchons en vain une lumière qui nous guide. Nous avons condamné la tyrannie, et la liberté ne nous satisfait pas, car elle aussi a ses travers. Elle ne détruit pas le désir de commander et fait oublier l'art d'obéir. L'égalité offense ceux qui ne veulent être que des supérieurs, et révolte ceux qui ne peuvent être que des inférieurs, car l'égalité absolue n'est qu'une chimère; et encore la liberté, tout imparfaite qu'elle est, est bien loin d'être assurée. — « La destination de l'humanité, demandai-je un jour à Charles Rotteck, n'est-elle pas la liberté? — La destination de l'humanité, m'a-t-il répondu, est de toujours tendre à la liberté et de ne jamais l'atteindre.»

Mais si la perfection n'est pas le lot de l'humanité, la perfectibilité doit être l'objet constant de ses recherches.

Il y a deux espèces d'immoralité dans les peuples : celle de la licence et celle de l'esclavage. La première ne reconnaît aucun frein à ses passions, n'a rien de sacré, veut tout saper pour se faire une part, non de liberté réelle et de véritable indépendance, mais de jouissances plus ou moins matérielles. La vraie morale est pour elle un mot vide de sens; elle a l'immoralité pour effet et pour principe. A ses yeux, la religion est un reste de fanatisme, une faiblesse d'esprit; l'ordre et la paix, un obstacle à ses vues; le gouvernement, un abus, un monopole; l'obéissance, un préjugé.

L'esclavage démoralise l'homme autant que la licence, et présente les mêmes atrocités sous des formes plus rudes et plus dégoûtantes encore. L'esclave immole tout à son maître :

l'honneur est pour lui un mot sans valeur, sans signification; les liens de famille sont trop faibles pour mettre un frein à ses penchants grossiers. Sous le régime de l'esclavage, on n'ose ni plaindre ni pleurer un frère, on sacrifie son fils même du moment qu'il devient compromettant. Il n'y a pas d'infamie et de vilenie auxquelles on ne se prête pour parvenir. L'esclavage n'est pas même dans l'intérêt des despotes, de ceux au moins qui veulent conserver à leur État de la force et de la durée, incompatibles avec l'indignité que produit l'esclavage.

Dans l'un comme dans l'autre cas, la société est désorganisée dans sa base, et l'État est au bord de l'abîme. La licence et l'esclavage sont les deux abîmes contre lesquels on ne saurait assez prémunir les peuples. L'ordre, la liberté et la prospérité sont aussi peu dans un extrême que dans l'autre, dans la licence aussi peu que dans l'esclavage. La vraie liberté est un composé de devoirs autant que de droits, et, pour

l'inviolabilité des droits, il faut le saint accom-
plissement des devoirs.

Il y a trois moyens de gouverner les hommes : la crainte, l'amour et la persuasion. La
crainte, administrée en doses convenables, est
un très-bon spécifique contre le désordre; mais
donnée en doses trop fortes, elle compromet
la vie même de l'État, en empêchant la libre
circulation de ses éléments, et en privant de
la liberté de fonctionner ses membres et ses
organes. La peur est un bâton qui, s'il ne fait
fuir, retient et corrige. La crainte, toute-puis-
sante sur des peuples sauvages, est aussi indispensable pour les peuples civilisés : c'est le
frein qui les maintient dans l'obéissance et
dans l'ordre.

L'amour est un moyen de gouvernement
applicable aux peuples barbares, tout aussi
bien qu'aux peuples civilisés ; mais c'est là un
moyen plus difficile et parfois moins efficace.
Ce qui inspire l'amour aux uns excite la haine

des autres, et ce qui indigne ceux-ci flatte ceux-là. Il est impossible de se faire aimer de tout le monde, et s'il n'est pas excessivement difficile de plaire au plus grand nombre, il est souvent impolitique de le rechercher; car ce sont rarement les plus nombreux qui sont les plus forts, les plus influents et les plus à craindre. En outre, l'amour est un sentiment inconstant; souvent il abandonne celui qui tient ses promesses pour celui qui ne fait que promettre davantage. Il est moins facile de l'appliquer aux grandes nations qu'aux petites, qui se rapprochent plus des familles.

De tous ces moyens, le meilleur est la persuasion. Il est principalement l'effet de la civilisation : pour la brute il n'y a de persuasif que les coups. Il faut deux choses pour régner par la persuasion : rendre le peuple apte à apprécier les mesures du gouvernement, et faire que ces mêmes mesures soient dignes de l'approbation du peuple. Le gouvernement qui doute de ses capacités peut seul songer à retenir le peuple dans l'abrutissement, qui n'est nullement une garantie de l'ordre : l'ignorance fait souvent plus de mutins et de rebelles que le raisonnement. Un homme qui raisonne est plus difficile à gouverner qu'une brute; mais il est plus doux et plus beau de commander à des hommes éclairés, et c'est là une tâche d'autant plus honorable qu'elle est plus difficile. La civilisation véritable ne détruit pas l'obéissance, mais l'affermit : elle ne fait que la circonscrire dans les limites des convenances et du droit.

Mais si aucun de ces moyens pris isolément ne peut suffire, leur réunion doit produire un meilleur résultat, et c'est à la fois par la crainte, par l'amour et la persuasion qu'il faut régner sur les hommes. La fusion de ces trois éléments est bien difficile : la crainte, poussée trop loin, exclut l'amour et inspire la méfiance; le jour où elle devient humiliante, elle provoque la haine. L'amour sans la crainte compromet l'obéissance. La persuasion seule sauve et concilie l'un et l'autre de ces principes ; elle établit l'ordre en démontrant la nécessité de la soumission à la loi et au pouvoir qui est appelé à veiller sur elle.

Un gouvernement doit gouverner le moins possible. C'est une machine comme une autre, dont les ressorts s'usent par un usage trop assidu ou trop violent. Sa maxime générale doit être d'abandonner au soin de l'activité individuelle tout ce qu'elle peut produire par elle-même. La puissance est son capital : il doit s'en montrer le plus économe possible. Il ne doit intervenir que lorsqu'il y est appelé, que lorsqu'il y a un danger réel, ou que le bien qu'il se propose, et dont l'utilité lui est démontrée, ne peut se faire sans lui. La manie gouvernementale a toujours caractérisé et constitué la tyrannie. La liberté individuelle est le bien le plus sacré et le plus cher aux hommes. Sa consolidation comme son développement doit être un des objets principaux de l'État, la mission

essentielle du gouvernement. La tyrannie la
plus révoltante est celle qui violente les personnes. Les intérêts privés ont accompli plus
de bouleversements, ont été les mobiles de
plus de révolutions que les intérêts publics.
Les petites causes ont souvent produit de grands
effets. C'est donc surtout les petits intérêts que
le gouvernement doit se garder de léser, parce
qu'il n'y peut gagner que fort peu, tandis qu'il
se compromet beaucoup et peut se faire des
torts infinis. Mais il y a loin de la manie réglementaire à l'inertie et à l'insouciance, et le
gouvernement doit suivre une juste mesure
entre ces deux extrêmes : ne jamais descendre
dans la lice des intérêts privés, mais aussi ne
laisser échapper aucune occasion de faire le
bien et de servir les intérêts publics. Il doit
tendre à se rendre inutile; il doit élever le
peuple et l'habituer à marcher seul : c'est à la
fois faciliter sa tâche et affermir son pouvoir.
Un gouvernement n'est jamais inutile au point
d'être superflu, et son inaction lui assure sou-

vent plus de durée qu'une tracasserie perpétuelle et une surveillance inquiétante. Le gouvernement étant un mal nécessaire, il doit se restreindre, s'effacer et se rendre invisible. Se voir et se sentir toujours gouverné est humiliant pour les peuples comme pour les enfants. Il suit de là qu'un gouvernement doit être sobre de défenses. Le péché est venu au monde par le fruit défendu.

CHAPITRE V.

Des Révolutions.

———

Trois causes amènent les révolutions : l'abus de la force, la faiblesse du gouvernement, et l'imperfection des institutions sociales.

Quand la coupe est pleine, elle déborde; quand la mesure des iniquités est remplie, les liens qui unissent les peuples aux chefs sont brisés. Le contrat social est rompu, quand une des parties contractantes dépasse ses droits ou ne satisfait pas à ses obligations. Or, le droit du gouvernement est de gouverner, mais son devoir est de gouverner selon les lois de la nature ou les conventions passées avec les sujets; le devoir du peuple est d'obéir, mais ce n'est qu'autant qu'on ne lui demande rien de contraire à son droit.

Le contrat social n'a pas besoin d'être une charte; il peut être écrit dans les cœurs de tous les hommes, ne consister que dans les lois du bon sens et de la nature, et c'est là même de toutes les chartes la plus sacrée et la plus inviolable. Les gouvernements n'ont pas été institués pour leur bon plaisir, mais bien pour le bonheur des peuples, et lorsqu'ils gouvernent dans leur intérêt particulier, qui n'est pas celui de la plus grande masse, ils ne peuvent que mettre contre eux le plus grand nombre des citoyens qui, de mécontents, deviennent rebelles et presque aussitôt agresseurs. Lorsque les gouvernements ne remplissent par leur devoir, ils se départissent de leurs droits et dispensent le peuple du devoir d'obéissance et de soumission.

Comme c'est presque toujours le peuple qui investit le gouvernement de son autorité, celui-ci ne s'en trouve que le dépositaire, et le peuple est le maître suprême du pouvoir, qu'il peut retirer ou déplacer à son gré. Du moment que le pacte a été librement contracté, il peut être librement dissous : le pouvoir peut abdiquer, et le peuple peut rompre avec le pouvoir. Quant au gouvernement qui se serait imposé de force, il peut être renversé par la force et périr par l'arme dont il s'est servi lui-même. Si le pouvoir reste stationnaire ou tombe en décadence, tandis que le peuple grandit, il se dissout de lui-même. Le jour où il ne convient plus au peuple, il doit nécessairement faire place à un autre.

N'est-ce pas là, dira-t-on, légitimer la révolte que de donner au peuple le pouvoir de défaire les gouvernements à son gré? Mais à quoi servirait-il de le lui contester, s'il peut s'en emparer au besoin? La force suprême est un argument sans réplique. On ne peut appeler d'un peuple qu'à Dieu, et la voix du peuple est celle de Dieu. Si je voulais parler le langage de Hegel, j'aurais dit que ce qui est puissant est moral, et que ce qui est moral est puissant; comme il a dit que ce qui est réel est rationnel, et que ce qui est rationnel est réel. Dans ce sens, la puissance suprême est morale, et tout fait accompli est légal. Si l'on concède au gouvernement le droit de s'établir et de se soutenir par la force, ne faut-il pas accorder au peuple le droit de renverser le pouvoir par la force? Heureusement pour les gouvernements, un peuple ne se soulève pas tous les jours comme un seul homme, et, malheureusement pour les peuples, les gouvernements se soutiennent encore longtemps après qu'ils sont devenus impopulaires.

Toutefois, il faut désirer que les gouvernements soient le plus stables possible. Entre deux maux, il faut choisir le moindre. Or, l'anarchie, qui serait la conséquence immédiate des bouleversements continus, est pire que les vices mêmes des gouvernements légitimement établis. Il faut souffrir ceux-ci et réprimer ceux-là. La prospérité des nations ne peut être établie sur le volcan des révolutions, qui engloutit peuples et souverains ; et puisque les révolutions ne peuvent former l'état normal des nations, leur principe, tout en existant de droit, doit être circonscrit de fait ; l'esprit révolutionnaire doit être comprimé, dans l'intérêt du peuple, par le peuple lui-même. Une fois le pouvoir réparti, il doit être maintenu dans les mains de ceux auxquels il a été confié.

Les nations elles-mêmes se sont peu à peu dessaisies de leur droit de révolution, lorsque, n'écoutant que leur instinct de conservation, elles ont voulu perpétuer le pouvoir dans les familles, où elles ont choisi leur chef, et l'ont rendu héréditaire. Elles l'ont, de plus, sagement entouré de force, de puissance et de faste, pour le mettre à l'abri de toute atteinte ; et, lorsque enfin elles ont voulu se donner des garanties contre les abus, elles ont respecté le faîte du pouvoir, et n'ont fait peser la responsabilité que sur des ministres.

Que les fonctionnaires soient donc responsables de tout le mal qu'ils commettent ou
qu'ils souffrent ; que les mauvais rois ne trouvent pas d'exécuteurs de leurs mauvais desseins ; mais que le cri : « A bas les rois, » soit
remplacé par celui : « A bas les révolutions. »
Qui pourrait mesurer la profondeur de leurs
maux ? Les liens de la société sont brisés ; dans
les moments d'effervescence générale, toute
voix est étouffée, toute retenue est oubliée,
le carnage est suivi de la désolation ; et alors
même que le gouffre révolutionnaire se ferme
sur ses victimes, la mer populaire est longtemps encore remuée par l'orage des passions.
Ce n'est pas assez que d'abriter l'État contre
les abus du pouvoir, il faut surtout le soustraire aux passions bien plus dangereuses du
peuple, et le fortifier contre ses atteintes.

Malheureusement les révolutions sont indispensables dans les États comme dans la
nature entière, et souvent, pour être plus efficaces, elles doivent être plus terribles. Les

gouvernements sont sujets à des égarements qui provoquent l'effervescence générale, et qui ne se répriment que par les bouleversements publics; les citoyens sont sujets à la désobéissance et à la révolte.

L'injustice bouleverse l'homme dans son for intérieur, le blesse dans la moindre de ses fibres, et produit sur lui tous les effets du délire; elle suspend la hache sur toutes les têtes; elle jette l'inquiétude dans tous les cœurs; et, la paix en étant une fois bannie, le tumulte amène la révolte. Un acte injuste, qui est resté impuni, en provoque aussitôt d'autres, qui, n'étant pas réprimés, sont suivis de nouveaux et de plus violents. Le gouvernement a un compte courant chez le peuple, qui enregistre ses bonnes et ses mauvaises actions, et, lorsque ces dernières surpassent de beaucoup les premières, le crédit du gouvernement est détruit; le peuple patiente bien encore, mais l'orage s'amasse dans l'ombre, et éclate un jour à la grande surprise du gouvernement aveugle, qui se demande d'où il vient. Il ne vient que de lui; lui seul est la cause de tous les maux qu'entraîne la révolution. C'est son injustice qui a rendu les hommes méchants, qui leur a appris leur force, qui les a poussés à en user, et même à en abuser. Les rois, qui ne voient dans leurs sujets que des révolutionnaires, et ne s'aperçoivent pas de leurs propres torts, subissent la loi commune: ils voient la paille dans l'œil d'autrui, et ne voient pas la poutre dans le leur.

La désobéissance, de son côté, est l'injustice des sujets, et produit des maux presque semblables; elle est l'arme du faible, et lui est aussi naturelle que l'abus de la force l'est au pouvoir; elle est même moins condamnable, parce qu'elle est souvent une conséquence forcée de l'état précaire du sujet, auquel elle sert en quelque sorte de dédommagement. La désobéissance mène droit à la révolte, et produit des révolutions tout autant que l'injustice des gouvernements. On doit s'armer contre l'une aussi bien que contre l'autre ; recommander la docilité aux uns, l'équité aux autres; ces deux principes se soutiennent mutuellement, et, religieusement respectés, assurent le repos et le bonheur publics.

Quelque penchant qu'ait un peuple aux révolutions, c'est bien moins lui que le gouvernement qui les produit. La raison en est simple : la rébellion est punie de mort ou de prison; les abus du pouvoir présentent plus de tentations que de dangers. On échappe plutôt à la justice du peuple qu'à celle des tribunaux. On gêne, on opprime, on étouffe, on tracasse le peuple pour le plaisir de le faire, pour essayer sa force ; on se fait un jeu du pouvoir, de cette arme à deux tranchants, de cette machine formidable, jusqu'à ce que le peuple se soit fait de l'air par lui-même, et en soit venu à se faire un jouet du pouvoir. Entre le peuple et le gouvernement, le plus révolutionnaire est souvent ce dernier.

L'air et le grand jour est, pour les peuples

comme pour les plantes, la première condition de la vie. Une cordiale entente entre le pouvoir et le peuple est le salut du gouvernement, et, pour y parvenir, il faut une pleine confiance et des concessions réciproques.

Les révolutions sont les peines infligées aux gouvernements; mais, comme toutes les peines, elles n'atteignent pas tous les coupables, et n'intimident pas les grands criminels. Leurs leçons, si terribles qu'elles soient, ne sont pas efficaces pour tous. Le pouvoir, toujours amoureux de lui-même, est confiant par sa nature, et porté à croire que les révolutions, qui ont eu lieu dans d'autres temps ou dans d'autres pays, ne se réaliseront pas sous son règne. Quant aux bons souverains, ils n'ont besoin d'autre enseignement que de celui de leur devoir et de leur conscience.

Les gouvernements portent seuls la responsabilité des abus que provoquent les révolutions, comme de tous les maux qui les suivent. Plus elles sont affreuses, plus ils doivent chercher à les prévenir. On les empêche, en éloignant tout prétexte de mécontentement, en gouvernant selon les préceptes de la morale, du droit et du devoir, selon les lois de l'équité et de la sagesse. On les prévient par des réformes sagement combinées, par des concessions habilement ménagées. Les peuples grandissent, et les hommes mûrs veulent être autrement régis que des enfants; les peuples civilisés doivent être gouvernés autrement que des sauvages. Le pouvoir doit donc se régler sur les nécessités des temps et des circonstances, céder à temps une partie, pour ne par perdre le tout, sacrifier de bon gré quelque chose, pour ne pas se voir enlever plus par la force, qui, une fois abandonnée à elle-même, ne connaît plus de frein, et s'arrête difficilement dans ses exigences. Les besoins du peuple se trahissent par des demandes ou des plaintes. Le gouvernement prêtera l'oreille aux unes et aux autres, saura discerner la gêne véritable des clameurs dénuées de fondement, les besoins impérieux des demandes exagérées ; il remédiera aux uns et fera taire les autres.

Les petites améliorations sont en général facilement accordées, mais les grandes réformes se font toujours attendre. Il est si dur de transiger avec le peuple, il est si doux de régner en maître absolu, qu'on ne se prête pas aisément à des concessions. Il paraît humiliant, dangereux même, de céder à des inférieurs ; car, une fois que le peuple a obtenu une chose, il en demande une autre, étend et règle ses prétentions sur les concessions qu'on lui fait ; et ce qui n'est que sagesse et prévoyance de la part du gouvernement, peut passer pour de la faiblesse aux yeux du peuple. Tout cela fait que les réformes ne s'accordent que devant une force majeure, et, imposées par la nécessité, elles perdent tout le caractère de concessions volontaires, et d'une libre générosité.

Les révolutions, avons-nous dit, s'accomplissent aussi par la faiblesse du gouvernement.

Lorsque des intrigants ou des ambitieux s'emparent du timon des affaires, sans y être appelés par le vœu national, il y a là une usurpation, une simple substitution des gouvernants qui ne peut s'opérer que grâce à la faiblesse du pouvoir. Un gouvernement qui ne sait pas étouffer une révolte à son germe, et faire avorter la révolution, ne recueille que les fruits de sa faiblesse, s'il se trouve débordé par elle. Mais, dans le cas où une révolution est devenue nécessaire, et se voit comprimée par la force, ce n'est là que partie remise. Tant qu'on n'aura pas remédié aux causes réelles du malaise, la révolution reviendra tôt ou tard à la charge, qu'on n'en doute pas, avec des forces plus imposantes, et se rendra maîtresse de toute résistance.

Les révolutions ne s'attaquent pas seulement aux monarchies ou au despotisme ; elles sont propres à tous les gouvernements. Le peuple, il est vrai, ne s'insurge pas contre lui-même, mais les pauvres conspirent contre les riches, et les riches contre les pauvres; ceux qui sont exclus du pouvoir, contre ses dépositaires; la minorité contre la majorité, et *vice versa*. Chacun peut conspirer contre la liberté publique et tendre au pouvoir suprême. Les hommes sont partout et toujours les mêmes, ambitieux, jaloux et turbulents, mécontents et avides. Si la monarchie doit se garantir contre les démagogues, la république doit se prémunir contre les tyrans. La démocratie est même plus exposée aux révolutions que les autres formes de gouvernement, parce qu'un seul s'empare plus aisément du pouvoir que tous ne parviennent à la maturité nécessaire pour se régir eux-mêmes, ou à la concorde nécessaire pour renverser le gouvernement. On complote toujours contre le pouvoir quel qu'il soit; le faible conspire toujours contre le fort, et cherche à suppléer à la force par la ruse. La force, trop confiante, opprime le faible et finit par se perdre d'elle-même. C'est au pouvoir à user de sagesse et d'habileté pour déjouer les complots, pour étudier les partis et les factions, pour se guider sur le mouvement du progrès dans les différentes classes de la société, pour parer aux abus et complaire aux exigences.

Les révolutions émanent du peuple, du pouvoir ou de l'étranger. Les dernières, imposées par la force ennemie, conservent toujours un caractère odieux qui compromet leur durée. Le pouvoir ne produit de révolutions qu'à son profit; il use plutôt de la ruse que de la force, comptant sur le temps plutôt qu'il n'a recours à des coups d'État.

La troisième cause, et la source principale des révolutions, est l'imperfection des institutions sociales et le malaise des peuples. Les gouvernements n'y peuvent souvent que peu de chose ; le temps et les lumières peuvent seuls beaucoup. En France, les restes du système féodal n'ont pu être renversés que

par la révolution ; ailleurs, les fruits de cette
même révolution ne pourront être la conséquence que d'autres bouleversements ; car il
n'est pas probable que les gouvernements les
préviennent. L'égalité devant la loi, la liberté
des opinions, une juste répartition des droits
et des impôts sont à la fois beaucoup et peu de
chose : beaucoup pour ceux qui ne les possè-
dent pas, peu de chose pour ceux qui les ont.
La misère accable les hommes, et pourra donner lieu à de grands bouleversements, si l'on
n'y remédie à temps. Si l'on ne trouve pas les
moyens de faire subsister le peuple légalement,
il pourra un jour les conquérir par la force. La
propriété est, de nos jours, concentrée en trop
peu de mains, ou bien disséminée en parcelles
trop insuffisantes. Le riche fait la loi au pauvre,
et la fait parfois cruelle et aveugle. C'est une
tyrannie comme une autre, qui verra un jour sa
fin. Après le règne de la bourgeoisie, devra
venir celui du peuple, et il sera sévère, si
celui des classes actuellement prédominantes

ne devient pas plus indulgent, plus circonspect et moins égoïste. Si l'on ne s'entend pas, si l'on ne s'associe pas à temps, d'une manière ou d'une autre, si l'on ne pourvoit pas à la subsistance des classes nombreuses de certains pays, la propriété courra de grands dangers. Après les révolutions politiques viennent toujours les révolutions économiques, et elles sont tout aussi funestes si l'on ne les prévient pas.

LIVRE SECOND.

POLITIQUE INTÉRIEURE.

CHAPITRE PREMIER.

De la succession au trône.

Dans les monarchies, le roi ne meurt pas, le trône ne doit jamais être vacant; c'est un bien national qui ne doit jamais manquer de dépositaire. S'il peut être à propos parfois de restreindre les successions privées, il est toujours bon de porter à son entier développement le principe de l'hérédité du trône, partout où il a été consacré et adopté pour base de l'organisation sociale.

Pour une monarchie, le plus grand danger est l'absence de l'héritier de la couronne : elle ouvre une large voie aux passions, aux désordres et aux révolutions. Ce n'est pas dans l'intérêt de la dynastie, mais bien dans celui de l'État qu'on doit maintenir et perpétuer sans interruption, dans la famille régnante, la succession au trône.

Dans cette vue, on marie les princes jeunes, et quels que soient les dangers et les charges inséparables d'une nombreuse famille de princes, rivalités, intrigues, guerres civiles, dépenses toujours excessives de leur entretien, on préfère tous ces inconvénients à celui bien plus grand dont aurait à souffrir le pays, si le trône devenait jamais vacant. Les discordes, les rivalités peuvent être prévenues par de sages et immuables lois sur la succession au trône, par une bonne éducation des princes; les charges peuvent être diminuées par des dispositions économiques dans les lois du budget et de la liste civile. Les princes des lignes collatérales peuvent être investis de fonctions plus ou moins hautes, dans l'État ou l'armée. Leur parenté avec le roi leur donnant un facile accès auprès de lui, exercera une salutaire influence sur les branches de l'administration qui leur seront confiées ; appelés à les étudier à fond, ils instruiront le chef de l'État des abus, et des besoins du pays.

C'est encore pour éviter toute vacance au trône, qu'on le rend accessible aux femmes. Si les femmes ont moins de tête, elles ont toujours plus de cœur que les hommes, et c'est souvent par le cœur, plus que par la tête, qu'on gouverne le mieux. Dans les monarchies constitutionnelles, où la prérogative des rois est plus ou moins circonscrite, le règne des femmes est plutôt un avantage qu'un inconvénient : trop d'énergie produisant souvent trop d'empiétements sur les droits du peuple. Les mœurs dissolues de quelques reines de l'Europe ont trouvé leurs défenseurs et apologistes, qui sont même allés jusqu'à dire que le règne des amants de la reine est le meilleur de tous. Sans partager à cet égard leur conviction, nous pouvons dire que la civilisation, l'opinion et la morale publiques répriment de plus en plus les mœurs des reines; leurs égarements peuvent surtout être prévenus par des mariages opportuns et bien assortis.

La position du mari de la reine est une position délicate; mais comme il ne manquera jamais apparemment de prince d'assez bonne volonté pour ambitionner ce rang, quelque subordonné qu'il soit, il n'y a pas grand mal à retourner l'ordre de la nature et à soumettre, une fois, le mari à la femme, ou au moins à la constitution du pays, dans l'intérêt même de la nation.

En général, il est bon toutefois d'éloigner le plus possible les femmes du trône; de ne les y appeler qu'en cas d'absolue nécessité, qu'à l'absence totale d'héritiers mâles, même les plus éloignés.

Toujours en vue de ce principe de la non-interruption dans la succession au trône, on doit hâter, autant que possible, la majorité du roi. On a plus de latitude à cet égard sous un régime constitutionnel que sous un gouvernement absolu, les inconvénients d'une majorité précoce étant en rapport direct avec l'étendue du pouvoir.

Toutefois, les événements viennent souvent déjouer toute prévision et exposer le pays aux dangers des interrègnes. Aussi la régence est un point qu'on doit régler d'avance.

Entre une mère et un oncle, les raisons de préférer l'un à l'autre sont presque égales, et la liberté du choix peut-être laissée entière à la loi. Une mère a plus de soins, d'amour pour son fils; plus d'envie de lui rendre la tâche facile et de lui préparer un règne heureux. L'intérêt personnel d'un régent est souvent en opposition avec celui de son pupille, et l'usurpation lui est plus facile. Il aura plus de peine à renoncer au pouvoir, auquel il aura pris goût; il voudra conserver, à toute force, une influence sur le prince devenu majeur. Qu'on ait lieu ou non de regretter son administration, sa présence pourra être importune. Un conseil de régence, avec un simple président, le plus proche parent du mineur, paraît être ce qu'il y a de moins dangereux. Sous ce rapport encore, le gouvernement constitutionnel est le meilleur, en tant qu'il empêche les principaux abus de la part des régents.

CHAPITRE II.

Des pouvoirs dans l'Etat.

—

Il y a trois pouvoirs dans l'État : *le pouvoir législatif, le pouvoir judiciaire* et *le pouvoir exécutif*. Ce dernier est le pouvoir par excellence ou l'autorité proprement dite.

Ces trois pouvoirs doivent être séparés les uns des autres, et, dans ce principe de la division des pouvoirs, l'on ne voit rien moins que le salut des peuples, la garantie la plus sûre de leurs libertés, le triomphe de l'intelligence, le fruit des luttes séculaires et des leçons de l'histoire. Avec la division des pouvoirs, la tyrannie paraît impossible et la liberté assurée à tout jamais. C'est aussi dans ce principe que le gouvernement constitutionnel trouve sa plus grande justification et la première garantie de son existence : aucun autre ne pouvant établir aussi sagement la répartition des trois pouvoirs.

« Lorsque, dans la même personne, dit Montesquieu, ou dans le même corps de magistrature, la puissance législative est réunie à la puissance exécutive, il n'y a point de liberté, parce qu'on peut craindre que le même monarque ou le même sénat ne fasse des lois tyranniques pour les exécuter tyranniquement.

« Il n'y a point encore de liberté si la puissance de juger n'est pas séparée de la puissance législative et de l'exécutive. Si elle était jointe à la puissance législative, le pouvoir sur la vie et la liberté des citoyens serait arbitraire; car le juge serait législateur. Si elle était jointe à la puissance exécutive, le juge pourrait avoir la force d'un oppresseur.

Je pense que chaque acte isolé du pouvoir, n'importe lequel, peut se ressentir de la ty-

rannie, et être en effet tyrannique, s'il n'est
soumis, soit à un contrôle, soit à une répression tierce. Le pouvoir exécutif, le pouvoir
législatif et le pouvoir judiciaire, quelque isolés
qu'ils soient, pourront devenir tyranniques,
chacun pour soi, et dans sa sphère indépen-
dante. Il y a plus encore à mes yeux. Plus un
pouvoir sera indépendant, plus il sera soustrait
à l'examen et à la surveillance d'autrui, et plus
il sera de sa nature de tendre vers l'arbitraire.

La tyrannie est un sentiment inhérent à chaque pouvoir, et plus le pouvoir sera grand,
plus il y aura pour lui d'occasions, de charmes et de probabilités de devenir tyrannique.
La division des pouvoirs est un obstacle et une
limite à la tyrannie; mais elle n'a nullement
pour effet de la rendre impossible. Un monarque vertueux peut, à la fois, faire de sages
lois, les appliquer avec impartialité et les exécuter sans rigueur; tandis qu'un législateur
exclusif pourra faire des lois sanguinaires, un
juge méchant rendre des sentences iniques, un

agent du pouvoir exécutif prendre des mesures vexatoires, et mettre de la cruauté dans l'exercice de ses fonctions.

Les lois n'ont pas de force rétroactive, même sous les gouvernements arbitraires. On ne saurait donc guère faire des lois spéciales pour des cas particuliers, à moins de prévoir d'avance que tel individu commettra tel crime, ce qui n'est guère possible. Le législateur-juge ou le juge-législateur ne seront donc pas tyrans pour cela seul qu'ils sont juges et législateurs.

Le pouvoir judiciaire doit être séparé du pouvoir exécutif qui ne peut juger qu'avec partialité, absoudre ses partisans et opprimer ses ennemis. Mais quelque complète que soit cette séparation, elle n'assure pas entièrement l'indépendance et l'intégrité des juges. Le pouvoir dispose de trop de moyens de séduction pour ne pas influencer les juges, et en résultat pour ne pas leur faire faire sa propre volonté. Tant que l'avancement des juges dépend du gouvernement, ils sont entre ses mains avec leurs votes et leurs consciences, en attendant qu'un progrès dans leur vertu les rende inaccessibles à l'ambition, comme, dans les pays les mieux policés, ils le sont déjà devenus à la cupidité.

Mais le jour où le pouvoir judiciaire serait entièrement indépendant, la tyrannie siégera dans les tribunaux avec tous les caractères odieux de l'orgueil et de l'arrogance. Ne voyons-nous pas déjà qu'il marche dans cette voie, à mesure qu'on l'isole et qu'on l'émancipe des autres pouvoirs?

La division est un principe de faiblesse, et si la division des pouvoirs peut être un principe de liberté, il doit être appliqué à chaque pouvoir spécialement, dans les limites de la juridiction, autant que de l'exécution.

Quant à la séparation du pouvoir exécutif et du pouvoir législatif, il n'est pas bon que cette séparation soit complète. Le pouvoir exécutif exécute mieux les lois à la confection desquelles il a pris part, et de l'esprit desquelles il a pu, par là même, se mieux pénétrer. Aussi ne peut-on qu'approuver la part que, dans les monarchies constitutionnelles, le roi prend à la confection des lois.

Cette part est de deux espèces : ou le roi propose des lois aux chambres, ou il oppose son véto aux lois qui émanent des chambres. Ce véto a aussi, à son tour, deux formes : il est suspensif ou absolu ; il renvoie le projet à la révision des chambres, ou il l'annule entiè-rement.

Le veto suspensif du roi amoindrit son pouvoir et renforce celui des chambres : c'est une institution exceptionnellement démocratique. A leur tour, les chambres doivent avoir leur veto pour les projets qui émanent du roi. Il est également de deux natures ; ou elles rejettent la loi simplement, ou bien elles y apportent les changements qu'elles croient nécessaires.

Il vaut mieux que les projets émanent du pouvoir exécutif ; car il est plus à même de se procurer tous les renseignements nécessaires. Mais il est bon aussi que les chambres aient la faculté de proposer une loi de l'importance de laquelle elles seraient pénétrées.

L'exécution demande de la promptitude et de l'énergie; c'est pourquoi il vaut mieux que le pouvoir exécutif soit confié à un seul. La confection des lois, au contraire, exige le conseil, la méditation, la prise en considération des différents intérêts, et doit être de préférence abandonnée à une assemblée, un seul ne pouvant représenter et concilier des intérêts divergents.

Dans l'intérêt de la puissance, qui est la première condition de chaque gouvernement, les pouvoirs ne doivent se diviser que pour se réunir et ne former qu'un seul tout, comme les trois lignes du triangle. Tout en se modérant, ils doivent s'entr'aider et se soutenir pour le bien commun, s'assister de leurs lumières, et se prêter aide et appui. Le pouvoir exécutif doit contrôler l'action du pouvoir judiciaire et s'y faire représenter par un avocat général; le pouvoir judiciaire doit concourir à l'exécution de ses ordres, et le pouvoir législatif laisser accès au pouvoir exécutif.

CHAPITRE III.

De la centralisation.

—

Ainsi que le corps de l'homme a un cœur d'où s'échappe le sang, pour se répandre dans tout l'organisme, un cœur qui reçoit et donne l'impulsion; ainsi l'État doit avoir un centre auquel aboutissent tous les ressorts du gouvernement, et qui en règle le mouvement. La concentration est un élément de force, une condition d'unité, de régularité et de promptitude, qualités qui, à leur tour, sont les bases d'une sage et active organisation publique. La centralisation épargne le temps, facilite les combinaisons, imprime de l'ensemble et de l'énergie au gouvernement. Mais plus une force est grande, plus elle est sujette à l'abus. Élément de puissance, la centralisation est souvent l'instrument de l'arbitraire; du jour où ses moyens de faire le bien se tournent vers le mal, celui-ci devient d'autant plus facile et plus grand. La centralisation peut étouffer toute plainte légitime, priver certaines parties du pays de leur vie naturelle et leur imprimer une vie factice. S'il est vrai que la centralisation prive de tout arbitraire les autorités locales, elle le favorise et l'augmente en proportion sur le point où elle fixe le pouvoir. Les particularités sont mieux connues sur les lieux, les événements sont mieux appréciés dans le moment où ils se passent; et s'il faut référer de chaque chose au pouvoir suprême, on perd un temps toujours précieux, et l'avantage souvent considérable d'agir à propos. Les défaites des armées autrichiennes et les échecs des armées russes n'ont souvent eu d'autre cause que la manie que l'on a de régler d'en haut le moindre de leurs mouvements : en Autriche, par le conseil de guerre; en Russie, par le ministère de la guerre. Toutefois, la centralisation, en privant les influences locales de leurs effets, est, dans bien des cas, une garantie d'impartialité.

La capitale est un foyer de lumières, d'industrie et de luxe; elle attire les célébrités de tout genre, ou les consacre comme telles ; elle les met en contact mutuel, qui ne peut être que profitable pour elles comme pour la société. Elle rapproche tous les talents, les complète les uns par les autres, et provoque entre eux une utile émulation. Elle rend la vie plus variée, plus active, plus aisée même, en réunissant sur le même point la production et la consommation. Mais ces biens sont chèrement achetés : la capitale énerve le pays et exerce un cruel despotisme sur les provinces. Plus elle prend pour elle, moins elle laisse au dehors. Elle absorbe souvent, à elle seule, toute

l'activité du pays ; elle en altère toutes les forces, intellectuelles comme matérielles; elle
s'approprie ce qu'il y a de mieux, ne laissant
à la province que ce qu'elle a dédaigné. La
province prend en tout modèle sur la capitale,
qui lui enlève ainsi jusqu'à son originalité
même, lui imposant ses modes, ses goûts et ses
penchants; à tel point qu'elle ne vit plus que
de la vie de la métropole, vie qui ne lui parvient encore que mutilée ou travestie. Et à
côté de tous les biens qu'offre la capitale,
combien ne présente-t-elle pas de maux !
Les grandes agglomérations de population
corrompent les mœurs et l'atmosphère, sou-
doient et propagent l'immoralité, ruinent la
santé. Là, les rues sont étroites, les habitations
infectes, l'air fétide. Les capitales rapprochent
la misère et le luxe; elles rendent leur contraste
plus sensible et plus dangereux. Le bon mar-
ché de quelques objets frivoles est plus que
compensé par la cherté des objets de première
nécessité, dont le prix augmente toujours en

proportion de l'accroissement de la population.

Le remède à tout ce mal est de centraliser le moins possible ; c'est de laisser à chaque localité la vie qui lui est propre, l'activité qui lui est particulière, et de lui donner même tous les priviléges convenables ; de disperser, le plus possible, dans tout le pays, les corps de l'armée, qui sont autant de sources de revenu ; d'engager, par tous les moyens, les propriétaires à résider dans leurs terres ou dans leurs villes ; c'est de se borner à la centralisation politique, et de restreindre, autant que possible, la centralisation administrative ; c'est de donner à chaque département, à chaque arrondissement, à chaque canton et à chaque commune, l'initiative et la conduite des affaires dont ils peuvent s'acquitter, et dont il est probable qu'ils seront les meilleurs juges.

Le choix d'une capitale est une des plus graves questions d'État. Cicéron louait Romulus de l'emplacement qu'il a donné à Rome; il vantait sa proximité de la mer, qui cependant n'en faisait pas un port. Constantinople est généralement considéré comme le centre naturel de la domination universelle. On a souvent reproché à Pierre le Grand d'avoir établi sa résidence à Saint-Pétersbourg. Un barbare seul, croit-on, pouvait donner la préférence au nord sur le midi, et Pierre avait le choix entre les deux points. Il pouvait en effet triompher des Turcs plus aisément encore qu'il n'a dompté les Suédois. Mais il n'est pas présumable qu'il eût pu s'établir à Constantinople; et se fût-il déjà lui-même emparé des pays conquis par Catherine II, eût-il soumis toute la côte septentrionale de la mer Noire, il n'y eût trouvé nulle part un endroit propre à l'établissement d'une capitale, ce littoral étant totalement dépourvu d'eau douce. Et puis, que serait donc devenu le nord de la Russie, si sa capitale se fût trouvée à l'extrémité opposée? Il aurait dépéri infailliblement, tandis qu'il vit actuellement

de Pétersbourg ; et quant au midi lui-même,
il n'a pas moins reçu tout le développement
dont il était susceptible. La Méditerranée, une
partie de l'Asie sont de grands débouchés pour
les produits du midi de la Russie. Dans le reproche qu'on fait à Pierre le Grand, on ne se
reporte pas assez à son époque. Alors l'équilibre politique était au nord. La Suède y jouait
un grand rôle ; la Pologne était le siége de
dangers perpétuels pour la Russie. Pierre ne
pouvait se détourner de là et se porter au midi ;
c'eût été laisser la plus grande partie de son
empire en proie aux invasions ; le mieux qu'il
eût à faire, c'était de fixer sa résidence au camp
même de l'ennemi qu'il venait d'abattre.

Il y a peu de localités expressément proté-
gées par la nature ; peu d'hommes se sont trou-
vés dans la liberté du choix d'une capitale, et
la meilleure est encore celle qui le devient naturellement, par la force des choses et le libre
développement des événements.

CHAPITRE IV.

Des classes du peuple.

—

Une pente irrésistible entraîne les idées vers l'égalité, et si, d'une part, on peut craindre que cette tendance n'aille trop loin, on ne peut s'empêcher, de l'autre, de concéder à ce principe tout ce qui est conforme à la justice et au bien-être public.

L'égalité n'est pas dans la nature; mais ce n'est pas une raison pour que les institutions humaines, la prenant pour règle, propagent et perpétuent l'inégalité. La mission des hommes est de neutraliser les effets funestes de la nature, et de réparer les torts qu'elle commet. La nature agit souvent en aveugle et en tyran, et traite les pays et les hommes en marâtre. Si, dans sa sage prévoyance, elle donne des forêts et des bêtes fauves aux pays froids, ce sont là de tristes dédommagements aux désavantages réels d'un climat rigoureux. Le feu du foyer ne vaut pas la chaleur du soleil qui, dans les contrées méridionales, dote le sol d'un variété infinie et d'une grande richesse de produits, assurant par là à ses habitants une prospérité refusée à tous les efforts des peuples du Nord. La nature procède avec la même injustice envers les individus : elle ne donne pas toujours l'esprit à celui qui n'a pas de fortune ; la force du corps, à celui qu'elle prive de la force d'esprit, et le fît-elle, que la compensation ne serait pas suffisante. Durant la vie, elle ne donne pas le bonheur à celui qui est venu au monde avec des désavantages réels. Ses procédés peuvent trouver leur justification dans des raisons majeures, qui échappent à notre pénétration ; peut-être même la Providence se repose-t-elle sur les hommes du soin de réparer les inégalités qu'elle crée, dans l'intérêt de la variété, et qui sont peut-être nécessaires à la perfection de ses œuvres.

Quoi qu'il en soit, il est beau, il est juste et chrétien de tendre la main à celui que le sort a foulé aux pieds, de relever celui qui s'affaisse sous le poids de son infortune, et d'alléger le fardeau de ses souffrances. Mais que fait la société? Loin de venir en aide au pauvre, à peine lui jette-t-elle le pain amer de l'aumône. Elle comble de ses bienfaits celui que la nature a comblé de ses dons, et laisse dans la fange celui qui y est né. Quand même ce serait justice, que cette justice serait cruelle et aveugle! Mais ce n'est là que l'égoïsme le plus dur et l'iniquité la plus révoltante. La société fait plus encore: elle perpétue les avantages et les défauts qui proviennent du hasard; elle les rend héréditaires et dote les privilégiés de nouvelles prérogatives. Elle divise les hommes comme un troupeau, en castes et en classes, par des bornes plus ou moins fixes et infranchissables; puis, les classes en familles qui ne se mêlent que difficilement. En berger inhabile, elle ne donne pas plus à ceux qui ont moins; mais elle réserve les meilleurs pâturages au bétail le plus gras. Elle provoque la vanité, l'orgueil d'une part; l'humiliation, le dénûment et le mécontentement de l'autre; et c'est encore la plus grande masse qu'elle sacrifie dans son aveuglement.

Toutes les raisons qu'on fait valoir à l'appui de ces classifications ne sont que des paradoxes. Les classes ne sont que le produit des abus, des usurpations de la force, de l'aveuglement ou de l'impuissance des faibles. Les plus forts ou les premiers venus se sont emparés du territoire, puis du gouvernement, et s'en sont fait un monopole. Ceux-ci devinrent *les no-bles*. Puis ceux qui se sont fait par leur travail une fortune et une certaine instruction, poussés à bout par les injustices de la haute classe, se sont constitués en classe à part : ce fut *la bourgeoisie*. Mais en attendant que le peuple se fût compté et eût compris son importance, il végéta dans une position plus que subordonnée et précaire, sous les noms outrageants *de vilains* ou de *bas peuple.* Un jour pourtant il se compta, et dit ce mot célèbre à jamais : «Le tiers état, c'est tout.» Ce jour pourtant n'eut pas de lendemain; la bourgeoisie remplaça la noblesse en France.

La noblesse, dit-on, est l'appui de la monarchie, et le peuple n'a besoin de la royauté que pour tempérer l'aristocratie. Celle-ci est une classe intermédiaire, qui abrite le peuple contre la tyrannie des rois, et qui s'oppose aux empiétements du peuple sur leur autorité. La royauté qui discrédite ou affaiblit la noblesse, mine sa propre consistance, en préparant et en appelant le pouvoir du peuple. Non : la royauté est faite pour régner, pour abolir les abus, et non pas pour les perpétuer ou pour neutraliser seulement ceux qu'on pourrait détruire. L'aristocratie et la royauté ne se servent d'appui et de sauvegarde que pour monopoliser, aveugler et exploiter le peuple. La noblesse est plus souvent le danger, la ruine du trône, qu'elle n'en est l'appui. Elle se contente rarement des droits acquis ; elle en brigue tous les jours de nouveaux et de plus grands, qu'elle ne peut acquérir qu'au préjudice du peuple ou de la royauté. Quand elle ne dévalise pas et n'affaiblit pas la royauté directement, elle la compromet indirectement par tout ce qu'elle enlève au peuple, car ce sont autant de germes de mécontentement et de révolte qu'elle sème dans la nation. Le seul appui véritable et sûr de la royauté, c'est la justice et le droit, qui lui concilient le peuple entier. Les intérêts de tous lui doivent être sacrés, et la protection qu'elle leur accorde est une garantie qu'elle se crée pour sa propre existence.

Toute noblesse tend forcément vers sa décadence. Des droits sans richesses sont des droits sans valeur ; ils ne peuvent se soutenir dans le respect du peuple, et l'accroissement des familles nobles morcelle de plus en plus leur fortune. C'est pour empêcher ce fâcheux effet qu'on a institué des majorats qui maintiennent la richesse entre les mains des aînés des familles. Ils augmentent et perpétuent les abus de la noblesse ; ils portent la désunion dans son propre sein, en semant l'envie et le mécontentement entre les aînés et les cadets, et ils sont surtout préjudiciables à la richesse nationale.

A Dieu ne plaise que je dénie les belles qualités de la noblesse. J'admire sa dignité, quand elle ne dégénère pas en arrogance ; ses belles manières, quand elles ne frisent pas la morgue ; ses femmes, quand elles sont aussi aimables que douces. Aussi je ne veux nullement que la noblesse disparaisse ; mais je veux, au contraire, qu'elle s'étende à toutes les classes. Je veux que tous méritent le titre d'*aristocrates*, qui veut dire : « les plus dignes. » La société des manants et des rustres m'a toujours répugné, quelle qu'ait été leur naissance. Et si je sais, par expérience, que les priviléges des nobles offensent plus qu'ils ne profitent, font plus de mécontents que d'heureux, je vois aussi tout le ridicule de l'aristocratie bourgeoise, et ne veux nullement substituer la prépondérance d'une classe à celle d'une autre.

Et qu'est-elle en effet, cette noblesse, dans la plupart des pays? Si ses priviléges étaient vraiment nobles, dignes et beaux, il y aurait lâcheté, toutes les fois qu'il n'y aurait pas générosité, à déserter sa cause; mais réduite à une domesticité de palais, pépinière de courtisanes pour les princes, instrument du despotisme, intermédiaire entre l'esclave et le maître, privée de tout droit, à l'exception des armoiries et de la livrée, où sont les liens qui doivent y attacher un homme libre?

La noblesse russe a le monopole de la possession territoriale et le monopole du service public; le droit de commander à des esclaves, et celui d'être esclave la première. Le mono-

pole de la propriété foncière appauvrit le pays
plus qu'il n'enrichit la noblesse, car on ne
saurait être riche avec des serfs. Quant au
monopole du service public, il ôte à la noblesse
plus qu'il ne lui rapporte ; il préjudicie à ses
intérêts privés, et ne lui vaut que de futiles
satisfactions de vanité, tout en abreuvant son
amour-propre de perpétuelles souffrances[1].

A voir le peu d'empressement et d'énergie
que le gouvernement russe met à émanciper
les serfs et à faire exécuter ses propres dispo-
-sitions à ce sujet, on est porté à croire, et non
sans fondement, qu'il considère l'affranchisse-
ment comme impolitique. En effet, la conservation du servage décharge le gouvernement
de tout soin pour une classe nombreuse de la
population, et en investit les maîtres des serfs.
Ceux-ci doivent les nourrir, payer pour eux
les impôts, et les gouverner par eux-mêmes,

[1] C'est une opinion aussi accréditée en Europe qu'elle
est erronée ; qu'en Russie la noblesse est en lutte avec
la monarchie ; il y a bien longtemps qu'elle est asservie.

ce qui facilite singulièrement la surveillance du gouvernement. Les esclaves sont dressés à l'obéissance passive envers leurs maîtres ; combien ne doivent-ils pas être plus dociles encore envers le maître de leurs maîtres, le souverain du pays ? Les propriétaires, de leur côté, pense-t-on, voyant leur intérêt à conserver leurs droits sur les serfs, prendront sur eux l'exemple de l'obéissance qu'ils doivent au monarque, et donneront à celui-ci ce qu'ils exigent à leur tour pour eux-mêmes. On croit aussi que celui qui commande à des esclaves ne sait obéir qu'en esclave. L'esclavage abrutit les hommes, et la civilisation ne perce pas cette digue, car il est défendu aux serfs de faire des études. Le raisonnement ne viendra donc pas embarrasser le gouvernement en masse trop compacte. Le repos et l'absolutisme sont ainsi aisément maintenus et perpétués, à l'abri de cet ordre de choses, et le gouvernement croit pouvoir remercier la Providence de lui avoir fait la tâche si facile.

Heureusement la médaille a son revers, et il s'en faut que les arguments que nous venons d'indiquer soient sans réplique. Celui qui a l'habitude du commandement n'a pas celle de l'obéissance. On accepte bien la première de ces conditions, mais on évite, autant qu'on peut, l'autre. Au lieu de prendre sur les esclaves l'exemple de la docilité, on imite leur fourberie et leur duplicité. On commande mal, et on obéit plus mal encore. Le gouvernement et la noblesse croient se devoir des concessions et des ménagements mutuels; mais comme, des deux parts, on ne veut pas renoncer aux goûts de l'absolutisme, tous les rouages de la machine gouvernementale fonctionnent on ne peut plus mal. L'ignorance seule peut déterminer quelques nobles à supporter un joug, pour en avoir un autre à faire peser sur les serfs.

« Nobles polonais, disait J. J. Rousseau, « soyez plus, soyez hommes : alors seulement « vous serez heureux et libres; mais ne vous

« flattez jamais de l'être tant que vous tiendrez
« vos frères dans les fers. »

En attendant, la classe moyenne ne se
forme pas en Russie. A peine enrichi, on brigue les droits de la noblesse, tout négatifs
qu'ils soient. On renie son état, au moment
même où l'on est parvenu à y être le plus
utile. Le négoce et l'industrie en souffrent
considérablement, et la noblesse elle-même
ne gagne rien à ses nouvelles recrues.

CHAPITRE V.

De la religion dans l'État.

—

Il n'y a pas de principe plus avoué en théorie, et dont on s'écarte plus en pratique, que celui de la tolérance en matière de religion.

Les dogmes qui n'ont pour eux d'autres moyens de persuasion que la force brutale, pèchent par la base, n'inspirent ni foi ni amour, et se discréditent par le moyen même dont ils se servent pour triompher.

La force compromet souvent la cause qu'elle est seule à servir, et si elle vient à manquer, la cause est perdue. La violence ne peut rien sur la vérité ni sur les convictions. Imposer de force une foi, c'est faire des martyrs ou des hypocrites. Si le christianisme s'est fait plus d'adeptes que l'islamisme, c'est précisément parce qu'il a usé de moyens pacifiques, de moyens moraux et intellectuels; tandis que l'islamisme n'a eu recours, pour propager sa foi, qu'à la conquête, sans avoir les moyens d'assurer sa victoire.

La religion est encore le plus grand bien des hommes, et vouloir les en priver, c'est s'attaquer à ce qu'ils ont de plus sacré et de plus cher, c'est se faire de grands ennemis, pour ne recueillir, le plus souvent, que des résultats équivoques ou déplorables. Le sort des peuples assujettis est assez pénible par lui-même, pour ne pas l'aggraver en leur ôtant le seul bien qui puisse leur servir de consolation. Leur laisser, au contraire, la libre profession de leur foi, c'est les réconcilier avec leur infortune et leurs oppresseurs; c'est leur rendre le joug moins pénible, et se faire, à soi, la tâche de la domination plus facile. On peut, il est vrai, prétendre, avec plus de succès, à détruire la nationalité d'un peuple soumis, en proscrivant sa religion ; mais cette prétention est impie, et son exécution est une barbarie qui ne peut même pas trouver de justification dans le fanatisme et la bigoterie, ces vices des païens ou des ignorants ; car ce n'est même pas alors l'intérêt religieux, mais simplement une atroce politique qui sert de mobile à cette persécution.

Aussi la religion n'a-t-elle, le plus souvent, servi que d'excuse à des persécutions politiques, ou même de prétexte pour dissimuler des causes moins nobles encore. Ainsi jadis on persécutait les Juifs pour leurs richesses, comme on les persécute aujourd'hui pour leur misère. Alors on voulait s'emparer de leur avoir, et maintenant on craint qu'ils ne s'enrichissent aux dépens des chrétiens. — « Laissez-les venir, disait Pierre Ier, qu'ils s'essayent avec les miens. » — Laissez-les venir, pourrait dire un autre souverain, afin qu'ils deviennent meilleurs, en trouvant où reposer leur tête.

Le jour où le mépris public et la persécution politique cesseront d'être le lot des Juifs,
ils se relèveront de leur abjection et échappe-
ront à leur condamnation. Le jour où ils auront des droits véritables et égaux à ceux des
nationaux, ils s'en rendront dignes, et rivalise-
ront avec eux dans la voie du bien. Pour quelques sujets méprisables, les Israélites présentent des hommes remarquables en tout genre.
Peu de nations réunissent la diversité et la perfection des talents, au point où on les trouve
chez les Hébreux, et leurs facultés prendront
une meilleure direction, quand on sera devenu
plus humain et plus chrétien envers eux. Lorsque la clémence aura pacifié les peuples,
les lumières concilieront ce qu'il y a d'antipathique dans les religions, et les bons
procédés tendront de plus en plus à conver-
tir les Juifs. Rien n'est plus impolitique que
de se priver gratuitement de leur industrie.
Les peuples qui ont usé de tolérance envers
eux, ont eu maints sujets de s'applaudir de

l'hospitalité qu'ils leur ont accordée. Les sciences et les arts, le commerce et l'industrie en ont retiré de notables avantages. La musique et les lettres citent plusieurs illustrations d'origine hébraïque; la banque est devenue, surtout la spécialité dans laquelle ils ont de tout temps excellé. Les états peu peuplés ont une raison de plus pour bien agir envers les Juifs qui viennent s'établir sur leurs terres. Il faut surtout ne pas perdre de vue que, pendant que les Juifs rivalisent avantageusement avec les chrétiens dans des carrières honorables, ceux-ci ne leur laissent rien à envier sous le rapport de la fourberie et de la fraude.

Le royaume de la religion n'est pas de ce monde. Si ce peut être là une raison pour que l'État ne s'immisce pas dans les affaires de l'Église, c'en est une plus encore pour que l'Église ne se mêle pas des affaires de l'État. La juste séparation du pouvoir sacerdotal et du pouvoir temporel est sans contredit la plus grave et la plus difficile question de tous les temps. Elle a divisé le monde pendant des siècles, et n'a pas encore obtenu de solution complète. Il y a là plus qu'un principe de politique; il y a toute une différence de religion. Ainsi les états catholiques conservent encore une grande part, dans le gouvernement, au pouvoir spirituel; tandis que les états protestants le soumettent complétement au pouvoir temporel.

Rendez à Dieu ce qui est à Dieu et à César ce qui est à César, tel doit être le principe dirigeant dans la part à faire à chacune de ces deux puissances.

Le pouvoir religieux est un quatrième pouvoir dans l'État, le pouvoir moral, qui, pour le moins, doit conserver une importance égale à celle des trois autres. L'Église et l'État doivent se soutenir l'un l'autre, se compléter, s'éclairer réciproquement, se contrôler et se modérer l'un par l'autre. Il y a despotisme, lorsque le temporel règne sur le spirituel, comme il y a abus lorsque l'Église usurpe le pouvoir séculier; il y a déchirement et désordre lorsque l'Église et l'État se disputent le pouvoir. Le salut est dans une juste répartition de l'autorité entre eux, dans leur utile émulation à travailler au bien commun. L'État doit surveiller l'Église; l'Église doit exercer une influence morale sur le gouvernement. L'un et l'autre doivent empêcher les abus qui pourraient se commettre de part et d'autre. L'Église et l'État doivent être indépendants, chacun dans sa sphère particulière, et se soumettre l'un à l'autre, dans tout ce qui est du ressort et de la compétence exclusive de l'un d'eux.

Les dogmes religieux sont du domaine de l'Église seule. Ils ne peuvent être contrôlés par l'État que pour ce qui le touche de près, et ne doivent être soumis à aucune répression que lorsqu'ils empiètent sur le pouvoir temporel.

L'Église est un sanctuaire inviolable pour l'État. La discipline intérieure, la juridiction sur les membres du clergé, la distribution des charges ecclésiastiques, la censure des livres religieux, doivent appartenir à l'Église. L'État n'y peut réclamer qu'une part subordonnée. Il ne doit veiller qu'à la discipline extérieure, qu'à l'exercice des droits civils du clergé. Il ne peut revendiquer la juridiction des clercs, que pour les délits profanes; il ne peut se réserver que l'approbation des élections ecclésiastiques; c'est tout au plus s'il peut prétendre au choix entre des candidats proposés par l'Église.

L'État doit en outre protéger l'Église; il doit maintenir le respect dû à ses actes, le libre exercice de ses rites et coutumes. D'un autre côté, il doit garantir les particuliers contre les chicanes, les offenses, qu'elles partent de la chaire ou de la presse, et contre les actes arbitraires de toute espèce, de la part des prêtres. La protection accordée par l'État à l'Église ne doit cependant jamais aller au point de lui assurer la domination exclusive sur les autres professions.

Pour que le clergé soit indépendant, il faut qu'il jouisse d'une position matérielle assurée. Si ce n'est pas à l'État à salarier le clergé, il est bien plus inconvenant de le faire rétribuer séparément pour chaque office et sacrement. C'est là ravaler son état et en faire un métier. Il n'est pas plus tolérable d'abandonner au prêtre le soin de s'entretenir lui-même, en lui laissant l'usufruit de quelque terrain qu'il est obligé de cultiver presque de ses mains. C'est à la commune à le rétribuer d'une manière fixe et honorable, et c'est au gouvernement à composer les paroisses le plus également possible.

CHAPITRE VI.

De l'instruction publique.

—

Qu'enseignera-t-on? L'alcoran aux Turcs, et rien que l'alcoran; voilà qui est bien facile. On brûlera tout le reste des livres; car s'ils ne contiennent que ce que renferme l'alcoran, ils sont superflus, et si l'on y trouve plus qu'il n'y a dans l'alcoran, ils sont inutiles. Omar à tous les bons Ottomans en a donné l'exemple, en incendiant la bibliothèque d'Alexandrie. Aux Chinois on enseignera l'alphabet chinois, source si inépuisable d'étude, que la vie d'un homme suffit à peine pour apprendre toutes les lettres. Qu'enseignera-t-on aux autres sujets des rois absolus? Le moins possible : l'art de lire et d'écrire, parce que ce n'est là que la simple clef d'un édifice qu'on croit pouvoir tenir fermé, que cela coûte peu, donne une grande apparence de peuple civilisé, et que l'apparence est la chose à laquelle on vise le plus dans les gouvernements absolus.

Enseignera-t-on la religion? La foi se passe fort bien de savoir, et le savoir ébranle la foi. De ce principe on en déduit un autre : les despotes étant les petits dieux de la terre, on leur doit une obéissance sans discernement, une foi aveugle, et, la civilisation détruisant l'aveuglement et la foi, on mettra tout en jeu pour étouffer la civilisation.

Professera-t-on la morale? Les hommes moraux sont bien dangereux dans un gouvernement absolu. Ils ne souffrent pas l'immoralité des chefs ; ils censurent leurs mœurs, et ne se prêtent guère à des vues criminelles qui sont parfois indispensables aux despotes. La vertu est le plus grand danger du despotisme, qui ne peut régner que sur des brutes ou des hommes corrompus.

On a tort de souffrir les langues mortes. Les despotes devraient en bannir l'étude de leurs états. Le grec et le latin sont des langues libres par excellence, et les classiques anciens sont de francs républicains.

Les mathématiques devraient aussi peut-être subir le même sort, car elles habituent l'esprit à exiger des preuves, des résultats, dont les gouvernements absolus ne sont guère prodigues.

La philosophie pourra passer; tant qu'elle sera aride, se renfermera dans des abstractions, anatomisera la pensée, mais ne lui donnera pas des ailes. On la supprimera dès qu'elle s'appliquera aux choses de l'État.

On façonnera l'histoire à ses intérêts; on la rendra complaisante, en ne lui faisant départir le blâme qu'en atomes imperceptibles, et en la faisant s'épancher en torrent de louanges pour les rois, dont on dérobera les crimes et les vices. Elle prônera les vertus monarchiques, et sévira contre l'amour de la liberté.

Quant aux sciences politiques, on les tolérera pour la forme, mais on n'en donnera jamais l'essence. On s'en servira comme d'un piége, afin que les élèves qui y prendront du goût soient suspects au gouvernement.

Savez-vous ce qu'il manque à cet édifice? La muraille des Chinois ou la barbarie des Turcs : l'une, pour préserver le peuple de tout contact avec l'étranger; l'autre, pour faire croire qu'il n'y a rien au delà de ce dédale de mensonges et d'absurdités qu'on débitera publiquement. Mais ni le mur, ni la barbarie ne préserveront le pays de la civilisation, et n'empêcheront pas celle-ci d'y pénétrer. Il naîtra, en deçà du mur, des esprits clairvoyants qui perceront le mensonge, ou de grands esprits qui découvriront la vérité. On les tuera, et ils repousseront comme les têtes de l'hydre, et l'Hercule qu'il faudrait pour l'étouffer ne viendra jamais. On les fera taire, ils écriront; on brûlera leurs écrits, ils auront des disciples dans l'ombre; on leur dressera des bûchers, et leurs cendres porteront des fruits; en les dispersant dans l'air, les persécuteurs n'auront répandu que leur propre honte et leur propre déshonneur.

A moins de ne laisser entrer rien ni personne dans le pays, et de n'en laisser sortir personne, la civilisation trouera toutes les digues qu'on lui opposera, et débordera en torrent. La lumière se fera; le bien se fera de lui-même; ainsi le veut Dieu, et les efforts des rois contre sa volonté ne sont que gestes de pigmées. Il n'est pas moins absurde de vouloir arrêter la civilisation que de vouloir arrêter le soleil. Et du moment que le bien est inévitable, ne vaut-il pas mieux le désirer franchement, et s'épargner le ridicule de lutter contre les décrets de la Providence? — « Je « saurais bien, disait un jour Pierre Ier, mettre « ordre aux idées dangereuses que nos jeunes « gens vont puiser à l'étranger. — Toute votre

« puissance, Sire, ne saurait effacer cette
« faible empreinte, » lui répondit son sage favori, en lui présentant une feuille de papier, sur
laquelle il venait de tracer un trait avec l'ongle.

L'instruction est un des plus grands biens
de ce monde; car c'est elle qui arrache
l'homme à l'état de brute, et l'élève à la dignité d'homme. Qu'y a-t-il donc d'étonnant à
ce que les hommes y tiennent autant, plus
même qu'à la vie, et soient prêts à la défendre
jusqu'à la dernière extrémité et au prix des
plus grands sacrifices? Les gouvernements
qui, trouvant les ténèbres un moyen commode
pour faire leurs affaires dans l'ombre, voudraient abrutir les masses, rencontreront une
défense égale à l'attaque, et payeront cher un
jour leur politique criminelle. Ceux qui pro-
tégent les ténèbres, pour dérober à tous les
yeux leurs menées et leur tactique devraient
bien plutôt mettre leur temps et leurs soins à
s'éclairer eux-mêmes et à débrouiller leurs
propres affaires.

Le gouvernement doit être plus éclairé que ses sujets; mais pour cela, il ne doit pas retenir le peuple dans l'ignorance, et il doit, au contraire, s'élever par ses propres lumières. Il n'a que deux partis à prendre : appeler à lui les hommes capables, ou bien leur laisser sa place et rentrer dans l'inaction qui sied à l'incapacité. La force des choses l'y réduira nécessairement : tôt ou tard, le timon lui échappera et passera à des mains plus habiles. Lorsque son aveuglement lui aura créé de graves difficultés, il lui faudra bien faire place aux hommes d'un talent véritable. Dans le calme, un ignorant peut bien se pavaner au gouvernail; mais quand arrive la tempête, le vrai pilote seul peut conduire le navire. Retenir le peuple dans l'ignorance n'est un moyen de salut pour personne, pas même pour le gouvernement; c'est pousser l'État à sa chute, c'est perdre les autres avec soi, pour ne pas se perdre seul. Il est donc fort heureux que la force des choses ne souffre pas un pareil attentat;

qu'on ne souffle pas le flambeau de la civilisation à son gré, et qu'il luise malgré tout. Dieu lui-même a donné aux peuples un phare éternel qui les éclaire sur leur route, le phare de la civilisation. Il éblouit ceux qui voudraient l'éteindre; il brûle ceux qui voudraient l'étouffer!

Le fouet n'est pas un bon moyen pour persuader au peuple que le gouvernement absolu est le meilleur de tous. Pour y parvenir, il n'y a qu'un seul moyen : c'est de le rendre tel en effet, et pour cela, de commencer par laisser libre cours à la civilisation, cette lumière de la terre; à l'esprit, cette étincelle divine qui fait que l'homme ressemble à Dieu.

Oui, il faut que la civilisation de chaque pays soit conforme à l'ordre de choses de ce même pays; mais ce n'est pas au peuple à se régler sur le gouvernement, c'est au gouvernement à se modeler sur le peuple; ce n'est pas au peuple à rester brut, c'est au pouvoir à se civiliser. Ce n'est pas à l'homme d'esprit à régler sa marche sur l'imbécile, c'est à ce dernier à se mettre au pas avec l'autre. Le lâche seul peut regretter l'instruction qui cause son malheur, parce qu'il vit au milieu d'un peuple inculte et incapable d'apprécier ses connaissances. L'esclave seul peut préférer les ténèbres à une éducation libérale qui serait pour lui une source de désappointements, sous le régime qu'il est appelé à subir.

Reste à prouver que l'instruction politique, que les rois absolus craignent tant, leur est à eux-mêmes d'une grande utilité; et c'est là une vérité bien facile à démontrer. On a vu des canons dans les mains des sauvages: quand ils les ont bien tournés et retournés, ils les arment; et bientôt, s'ils ne se tuent pas eux-mêmes, ils les laissent tomber au pouvoir de l'ennemi qui les tourne contre eux, pour les mitrailler sans pitié. La machine gouvernementale est bien plus compliquée et plus difficile à diriger que toutes les batteries. Si elle ne se détériore pas dans des mains inhabiles, elle blesse du moins ceux qui s'en servent. Voyez à l'œuvre les administrateurs incapables! Quoi de plus digne de pitié! S'agit-il d'une guerre? On s'y engage; la réflexion vient après les premiers revers; et comme on ne s'est pas assuré du succès, on s'en tire par une paix d'un profit équivoque. Faut-il, dans un cas donné, user de la rigueur ou de la bonté? On prend, à tout hasard, l'un ou l'autre moyen; puis on se repent de la voie qu'on a choisie; mais, par une fausse honte, on y persévère, pour ne pas se donner de démenti; et on récolte le ridicule à pleines mains. D'abord on veut voir; mais la multiplicité des objets trouble la vue, et, les yeux fermés, on descend cette pente rapide de la chute, sans s'apercevoir de toutes les victimes innocentes qu'on entraîne après soi dans l'abîme. On convient bien, si l'on veut, qu'il faut savoir; mais on voudrait être les seuls à savoir, et surtout on ne voudrait pas que ceux qui ne sont pas au pouvoir fussent plus savants. Mais puisqu'il est trop tard d'apprendre quand il faut agir; puisqu'on ne peut prévoir ceux qui seront appelés à prendre part aux affaires, ne faut-il pas mieux donner de l'instruction à ceux qui se sentent de la vocation pour les affaires publiques, afin de ne donner plus tard des places qu'à ceux qui unissent des connaissances au bon vouloir, qu'à ceux qui ne craignent pas la censure de leurs œuvres, et sont en état d'affronter toutes les critiques? Il en résultera que le pouvoir sera dans les mains des plus capables; que l'État prospérera; que le gouvernement, assis sur des bases morales, sera raffermi, et la tranquillité publique maintenue inviolablement. L'envie s'abaisse devant le droit de la capacité; les passions ont moins de prise sur un pouvoir qui n'est pas le monopole de la faveur et de l'intrigue. Il n'y a alors d'émulation qu'entre le mérite véritable, et celle-là ne peut que perfectionner l'administration. Le pouvoir confié à des mains habiles, pèse et inquiète moins. Les pensées et les efforts des hommes vont alors se reporter sur d'autres objets et faire fructifier toutes les industries.

Que de cruelles erreurs il y a dans les actes du gouvernement russe, relativement à l'instruction publique! Antipathique aux idées libérales, il défend à ses sujets d'aller à l'étranger avant l'âge de vingt-cinq ans ; il ne permet pas d'y rester plus de cinq ans de suite ; il traite l'émigration à l'égal de la haute trahison ; il frappe le séjour hors de la Russie d'impôts exorbitants, et applique de fortes amendes à l'introduction des livres étrangers. Qu'en résulte-t-il? Le fruit défendu étant le meilleur, on va à l'étranger plus souvent qu'on ne le ferait, si tout le monde pouvait aller où bon lui semble. Là, on apprend presque par cœur les livres défendus, ce qui est bien plus dangereux que si on ne les introduisait que dans des malles ; quant aux impositions, elles sont plus vexatoires qu'efficaces; elles n'atteignent pas les émigrants, et ne sont propres qu'à en augmenter le nombre ; elles révoltent les voyageurs sans les ruiner, et toutes ces rigueurs ne donnent lieu qu'à des malversations de tout genre dont on se sert pour éluder ces prescriptions.

Ne voulant pas pourtant encourir le reproche d'obscurantisme, le gouvernement russe fait semblant de protéger la civilisation; et comme elle ne peut venir encore que de l'étranger, force est pour lui de protéger l'étude des langues étrangères, de donner dans son pays accès aux livres et aux maîtres étrangers. Or, je le demande à tout homme de bon sens, est-il possible d'acquérir la connaissance d'une langue sans s'en approprier les idées? N'y a-t-il pas, dans les livres qu'on laisse entrer en Russie mille fois de quoi discréditer l'absolutisme, et démontrer son aveuglement? car, qui peut s'empêcher de faire l'application des idées générales aux faits qui l'entourent? Les instituteurs et maîtres étrangers qui fourmillent en Russie, aiment l'or russe plus que les principes du gouvernement russe, ou, du moins, ne sont pas très-propres à inculquer à leurs élèves le dévouement auquel on désirerait les habituer. Et puis la Russie a, dans son sein même, des universités pour ainsi dire étrangères, dans lesquelles il n'est pas défendu aux Russes de faire leurs études. Combien d'abus ne reste-t-il donc pas au gouvernement russe à commettre encore avant d'avoir rempli la mesure de ses iniquités?

Ainsi que l'instruction décide, à elle seule souvent, de l'avenir et du sort d'un individu, ainsi elle dispose de la destinée des peuples et des états. « Celui-là qui est le maître de l'éducation, a dit Leibnitz, peut changer la face du monde. » L'éducation peut élever ou perdre un peuple, le démoraliser ou le rendre vertueux, le faire libre ou esclave, obéissant ou rebelle, monarchiste ou républicain. Elle peut le corrompre et l'affaiblir, ou bien lui donner une trempe à l'épreuve de toute espèce d'infortune, et le frapper au cachet de la grandeur. L'histoire des peuples est l'histoire de leur civilisation ou de leur éducation. L'éducation a fait les Spartiates forts et intrépides; elle leur a donné l'amour du pays, de l'égalité et de la frugalité, ces bases essentielles de leur gouvernement; elle a rendu les Athéniens amis des sciences et des arts; elle a inspiré aux Romains l'amour de la gloire et de la vertu, qui, après la république, a fait place à celui du luxe et de la mollesse. C'est elle encore qui rend de nos jours l'Allemand profond et moral, le Français sociable et léger, l'Anglais industrieux et religieux, le Russe militaire et esclave.

Dans une république, l'instruction devra être éminemment publique et uniforme, la publicité et l'égalité étant les éléments de cette forme de gouvernement. Elle devra tendre à donner de l'unité à l'esprit, au caractère, aux tendances; et, plus un gouvernement se rapprochera des formes démocratiques, plus l'instruction, dans le pays, devra se ressentir des mêmes principes, et participer aux mêmes qualités. Dans une monarchie, où il y a une plus grande diversité de conditions, d'états et de fortunes, l'éducation pourra se modifier sur toutes ces différences, et devra s'approprier à la destination de chaque individu. Mais, dans tout état, quelle que soit la forme du gouvernement, une direction commune doit présider à l'instruction publique, et l'autorité doit la coordonner vers un but général, afin d'assurer la force et la durée de l'ordre établi. L'éducation variée présente plus de charmes, l'éducation uniforme offre plus de sécurité. Où les esprits sont divisés à l'infini, les tendances le sont aussi; de là tous les déchirements et les périls d'un état.

La liberté de l'enseignement présente de trop graves dangers pour ne pas être assujettie à des limites. Les épreuves auxquelles on soumet les instituteurs, entachées, d'une part, de pédantisme d'érudition et d'esprit de parti, sont, de l'autre, insuffisantes. Quand même elles constateraient les connaissances des candidats, elles laisseraient dans le doute leur moralité, leurs antécédents n'en étant que des données incertaines. C'est à l'œuvre seulement qu'on peut éprouver les hommes qui se chargent de l'éducation des enfants, et ces sortes d'épreuves ne sont guère praticables. La liberté d'enseignement, qui admet qu'elles sont seules concluantes, se condamne par cela même. Il est trop tard de remédier au mal quand il est fait. Les parents ne sont pas toujours bons juges des maîtres qu'ils donnent à leurs enfants. L'opinion publique est longue à s'établir, et à assurer la réputation d'une institution qui change de conditions chaque fois qu'elle change de chef. Le charlatanisme et la cupidité ne manquent jamais d'exploiter la crédulité et l'insouciance, malheureusement si fréquentes

encore, des parents. Le contrôle du gouvernement est habituellement inefficace, et la pénalité n'est pas une réparation d'un mal aussi
immense qu'une éducation manquée et une
jeunesse perdue. Mais, si aucun de ces moyens
n'est suffisant, pris séparément, réunis ensemble, ils peuvent offrir des résultats satisfaisants. Des examens mieux entendus, une
concurrence facile et large, une surveillance
vigilante, une sévère répression des abus, pro-
duiront, avec le temps, une saine instruction
publique.

Autant les gouvernements les plus civilisés
ont soin de l'instruction, autant ils négligent
l'éducation, bien autrement importante. L'instruction, sans éducation, n'est qu'une arme
à deux tranchants, qu'on ne manque jamais de
tourner contre soi-même et contre les autres.
Entre l'esprit et le cœur, c'est au cœur à commander sur l'homme. L'esprit éclaire bien le
cœur, mais le cœur dirige plus encore l'esprit
qui, sans lui, ne peut qu'errer. On peut être

instruit au point d'être moral ; mais on ne le sera jamais assez pour être vertueux, et le plus souvent on sera vicieux, faute de bons principes de conduite. La nature fait beaucoup sur ce point ; mais l'éducation fait tout autant, et plus encore. La meilleure nature peut se perdre, et tourner au mal, avec de mauvais exemples et de funestes enseignements ; avec de bonnes leçons, on peut corriger un mauvais naturel ; et, quant aux caractères ordinaires, qui sont les plus communs, ils reçoivent de l'éducation seule toute leur direction. Néanmoins, avec plus de solidité et d'étendue dans l'instruction elle-même, plus de profondeur et de moralité dans l'enseignement, on peut produire une partie des effets qu'on n'attend que de l'éducation, et que le gouvernement est si embarrassé d'assurer. L'Allemagne doit la moralité de son peuple principalement à son éducation sérieuse et systématique, qui s'adresse au cœur plus qu'à l'imagination, et cultive les sentiments plus qu'elle n'orne l'esprit.

A tout prendre, l'éducation de famille vaut mieux que l'éducation publique. La connaissance des faiblesses d'autrui, que le jeune homme acquiert dans les écoles publiques, ne vaut pas les principes de morale et de vertu qu'il puise au foyer paternel. Un seul écolier peut gâter toute une école; l'œil du père et de la mère vaut bien mieux que les sermons de tous les directeurs; les paroles des parents, partant de l'âme, vont au cœur des enfants bien autrement que les grandes phrases des pédagogues de l'école. Pour quelque énergie que le caractère emprunte à l'éducation publique, combien n'y puise-t-il pas de vices, d'autant plus funestes qu'ils sont plus précoces? L'instruction privée elle-même vaut autant, et parfois mieux, que l'instruction publique. Il ne manque jamais de grands maîtres pour ceux qui en sont désireux : ce sont les bons livres, et les livres sont toujours mieux médités et mieux faits que les cours. Il ne s'agit pas autant d'avoir des professeurs célèbres que des instituteurs sages et éclairés ; il faut, avant tout, faire naître dans l'élève l'amour de l'étude ; car toute une vie ne suffit pas pour approfondir une science. Un élève capable fera tous les progrès possibles, même sans maître ; un sujet borné ne profitera pas des meilleures leçons.

L'Allemagne unit sagement les deux modes d'éducation, la vie en famille à l'enseignement en public. De cette manière, l'écolier retrouve chaque soir, au sein de sa famille, avec cette chaleur bienfaisante du cœur, cet intérêt toujours vivace de ses parents, qui stimule son zèle et tempère la fougue de ses passions, des plaisirs calmes, des exemples de piété et de moralité, le devoir de l'obéissance, le charme de l'amour paternel. A l'école, il trouve les excitations d'une utile émulation, une direction systématique pour ses études ; il profite enfin des maîtres que ses parents ne sauraient lui donner. Toutefois, lorsque les parents ne sont pas propres à inculquer à leurs enfants de véritables principes de morale, ou à leur donner l'exemple de la vertu, il est urgent que ceux-ci soient soustraits à leur influence ; et, comme la plupart des parents n'ont pas les moyens pécuniaires, ou les capacités intellectuelles et morales nécessaires pour assurer le bonheur de leurs enfants, l'instruction publique devient un devoir de l'État, une règle générale, et l'instruction privée ne peut être qu'une exception.

CHAPITRE VII.

De la liberté de la presse.

—

Chaque chose a son bon et son mauvais côté, et ce n'est que la prépondérance de l'un sur l'autre qui peut et doit faire décider si la chose est bonne ou mauvaise. C'est de ce point de vue que l'on doit apprécier la liberté de la presse; voir si ses abus surpassent ses avantages, pour rechercher ensuite les moyens de parer aux uns, et d'augmenter, si c'est possible, les autres.

Or les maux de la liberté de la presse sont immenses. Elle n'a rien de sacré, rien d'inviolable; elle ne reconnait aucun pouvoir au-dessus d'elle, et ne se soumet à aucun frein. Elle s'attaque à ce que les hommes ont de plus cher, elle tourne tout en ridicule ; elle renverse tout pour ne rien établir ; elle met le désespoir à la place des illusions. Telle est la mauvaise presse. La bonne presse n'a rien de commun avec celle-là. Elle lui porte, au contraire, une haine implacable, et lui fait une guerre acharnée. Elle ne recherche que le vrai ; elle ne persécute que le mensonge, l'hypocrisie, les passions viles et haineuses. Elle ne sert que la moralité, et ne se laisse guider ni par l'esprit de parti, ni par l'intérêt pécuniaire. Elle est instruite et morale, tandis que l'autre est aussi ignorante que vicieuse. C'est le bon et le mauvais esprit en présence l'un de l'autre, se combattant à outrance, comme ils l'ont fait partout, de temps immémorial, avec des armes inégales et des succès divers. Tantôt c'est l'un, tantôt c'est l'autre qui l'emporte. Ici c'est le mauvais esprit qui se trouve le plus de partisans ; là, c'est le bon qui domine.

Partout, la prééminence du mauvais esprit n'est que passagère; il doit finir par plier devant son adversaire. Le règne du bon esprit peut être retardé, ajourné indéfiniment ; mais sa venue est immanquable.

Ce combat est-il pernicieux? Non certes; la nature, la vie entière ne sont qu'un combat. Le vrai ne peut s'établir que sur les ruines du mensonge; l'erreur ne peut se détruire qu'en s'usant dans la lutte avec le vrai.

Au lieu de laisser le bien s'achever de lui-même, le gouvernement, s'arrogeant la faculté de le faire à lui seul, vient s'immiscer dans ce combat; mais, ô erreur fatale! au lieu de se ranger du bon côté et d'aider au triomphe de la vérité, il arrête la lutte et veut contraindre la presse au silence. Le mensonge allait être démasqué, le vice accablé, sinon, la mauvaise presse se perdait d'elle-même, en persistant dans la voie qui la discréditait; le gouvernement refoule et comprime les mauvaises passions. Elles éclateront plus tard, et d'autant plus fort ; elles châtiront le gouvernement, mais ne le feront pas repentir de sa faute, ne démontreront pas son aveuglement ; celui qui le remplacera retombera dans la même erreur, et tous les gouvernements, les uns après les autres, se laisseront aller au même entraînement funeste, ils voudront museler la presse. La museler ! Le plus souvent on n'y parvient seulement pas ; comme l'ouragan, elle emporte toutes les barricades qu'on amoncelle péniblement devant elle, et couvre de leurs débris ceux qui les avaient entassées.

Qu'a-t-on donc inventé pour réprimer la presse ? La censure, œuvre de démence préposée aux œuvres de l'esprit ! Elle coûte, et coûte très-cher ; elle est insuffisante, et surtout elle est ridicule. L'esprit lui échappe ; elle en saisit la forme et n'en saisit pas le fond.

Tant que l'esprit est en bas âge, il peut supporter un contrôle, mais en grandissant il n'obéit qu'à ses propres inspirations. Et puis si l'on censure les idées, pourquoi ne censureraiton pas les mœurs? Un homme est souvent plus dangereux qu'un livre : il se fait écouter, défend et impose ses opinions. Si vous prohibez l'entrée des livres libéraux, déclarez aussi les hommes libres de la contrebande. C'est pousser trop loin les soins paternels que de choisir à chacun ses mets intellectuels : on ne le fait pas pour la nourriture ordinaire. On surveille bien, dira-t-on, le débit des poisons; mais le poison intellectuel est loin de produire des effets aussi funestes. L'esprit le repousse, ou trouve le contre-poison, si ce n'est en soi-même, au moins dans d'autres écrits.

Viennent ensuite l'exil, la persécution, la ciguë, l'emprisonnement, l'amende, avec ou sans jugement. Mais qui sont les juges? Les contemporains ou la postérité, la magistrature ou les jurés, l'esprit ou le bon sens? Faut-il faire mourir Socrate, bannir Ovide, persécuter Galiléi, empoisonner Giovani, exiler madame de Staël, comme l'ont fait leurs contemporains? Faut-il faire juger les auteurs par leurs pairs, par des auteurs comme eux, ou par des gens pris dans la foule et au hasard, payant un cens et n'ayant jamais été enfermés dans une maison d'aliénés? Où s'arrête l'innocence et où commence le délit? A chaque pas, on voit de l'œil l'arbitraire, et l'on touche du doigt la tyrannie.

Et puis, n'est-ce pas couper l'arbre avec le fruit que de trop entraver la marche de la presse? Qui embrasserait la carrière littéraire, avec la perspective d'entrer en prison, s'il se laisse trop aller à l'élan de son cœur ou à l'entraînement de son imagination? Quelque bénéfice et quelque gloire qu'on retire de sa plume, y a-t-il là de quoi compenser tous les désagréments qui parsèment la carrière d'un auteur? Ici, l'envie et la haine; là, l'erreur et le désappointement, plus loin la persécution. Ira-t-on sacrifier son bien et son temps pour acquérir des connaissances qu'on devra dérober à tous et dont on n'osera faire

un libre usage? Les quelques idées offen-
santes ou dangereuses que la législation sur la
presse peut empêcher, rachètent-elles une
seule idée haute et fructueuse que ces dispositions peuvent refouler? Si les paroles impri-
mées ont plus de consistance et de portée que
les paroles dites, si elles doivent être punies
plus sévèrement, appliquez-leur le double de la
peine que vous attachez aux autres, et laissez
aller, laissez faire la presse. Mais si vous êtes
convaincu de l'impossibilité de sévir trop rigoureusement contre des paroles, des ou-
trages et injures, étendez aussi ce principe à la
presse, d'autant plus que ses abus se punissent
d'eux-mêmes, et qu'au fond il peut y avoir, sous
des formes blâmables, une intention louable
qui doit nécessairement atténuer la peine.

Un gouvernement moral ne doit pas craindre
la censure de ses actes; bien au contraire, il doit
la désirer, l'appeler de tous ses vœux, la provoquer par tous ses moyens. Le désintéressement

et la moralité sont encore ce qu'il y a de plus utile et de plus avantageux, même en politique. Il faut paraître les avoir, par calcul, lors même qu'on ne les a pas par conviction. Il en est de la presse comme des armes à feu. Un gouvernement habile saura l'approprier à ses besoins, s'en faire une arme défensive et utile ; un gouvernement fourbe pourra même s'en faire une arme offensive et dangereuse L'opinion publique est le rocher contre lequel le pouvoir vient se briser, quand il est mal conduit; c'est au contraire le phare qui éclaire un gouvernement soucieux de son intérêt. Or c'est dans la presse que l'opinion publique se révèle le plus facilement, et c'est surtout la presse qui la forme. En la rendant libre, le gouvernement s'éclaire sur l'opinion publique, et la presse vient, souvent alors, lui révéler des faits importants, lui enseigner des vérités utiles, lui donner des conseils salutaires. La priver de son essor, c'est se priver gratuitement d'une masse de précieuses lumières. A son tour, le gouvernement peut influencer, par la presse, et l'opinion publique et la presse elle-même, pourvu qu'il sache s'y prendre habilement.

CHAPITRE VIII.

Du service public.

—

En droit, on ne peut disputer à l'État la faculté de rendre le service public obligatoire, mais on est tenu de condamner ce principe en politique. On s'acquitte mal de ce dont on se charge par obligation et non par vocation. L'État n'a besoin que de peu de fonctionnaires, mais il les lui faut surtout bons, et, s'il appelle trop de monde à son service, les industries auxquelles ces hommes seront enlevés en souffriront considérablement, et le service lui-même n'en retirera que du mal; il s'y pressera plus d'hommes qu'il n'en faut à l'État, bien plus surtout qu'il ne peut en payer. C'est précisément ce qui arrive en Russie, où le service est rendu obligatoire pour la noblesse. Les terres souffrent du délaissement qu'elles éprouvent de la part de leurs possesseurs; les nobles n'ont pas de but certain dans la vie; ils changent à tout moment de carrière; ils ne sont ni bons agronomes, ni militaires habiles, ni hommes d'État savants. Leur intérêt privé est en lutte avec l'intérêt public; ils sacrifient tantôt à l'un, tantôt à l'autre, et font souffrir tous les deux.

Il y a le service militaire et le service civil. Leurs destinations, les qualités nécessaires à chacun d'eux étant différentes, leurs attributs ne doivent pas être confondus; leur importance réciproque étant presque égale, il est inutile que l'un d'eux ait la suprématie sur l'autre, et chacun doit être le premier, dans sa sphère et le cercle de ses fonctions. Comme il n'est guère possible qu'un chef de bureau se trouve bien à la tête d'un régiment, il n'est guère plus probable qu'un colonel puisse faire un bon chef de section. On fait donc bien de ne jamais confier des emplois civils à des militaires, et de n'envoyer les bourgeois à la guerre qu'à la dernière extrémité.

Un monarque, réunissant en lui les plus hautes fonctions militaires et civiles, et appelé à la direction suprême de ces deux états, à la fois, ne se fera ni de l'un ni de l'autre exclusivement, mais cherchera à devenir aussi bon militaire qu'habile administrateur.

Le gouvernement militaire n'est pas un gouvernement normal. Ce n'est pas le bras, c'est la tête qui commande chez l'homme; ce n'est pas à la force, c'est à l'esprit à gouverner l'État; ce n'est pas aux guerriers, mais aux sages à régner; les guerriers n'ont qu'à garder ce que les sages ont institué. Que la force s'unisse à l'esprit, si cela se peut, tant mieux; que le guerrier philosophe soit appelé au timon des affaires; mais tant que cette réunion des qualités n'a pas lieu, que chacun reste dans sa sphère. Le principe militaire est un principe de destruction et de violence ; l'ériger en souverain suprême, c'est perpétuer l'inquiétude et introniser l'arbitraire. La place du militaire est à la guerre ; en temps de paix, il doit. rentrer sous la loi commune.

Plus un peuple est sauvage ou vaniteux, plus on doit se promettre de l'effet des grades, des décorations et autres colifichets de ce genre, et plus on multipliera ces distinctions qui charment les fonctionnaires, font naître et entretiennent parmi eux l'émulation et le zèle pour le bien du service. De tous les moyens, c'est le moins coûteux et le plus facile aux gouvernements.

Il faut qu'un gouvernement soit bien lâche ou bien faible, pour préférer, dans son service, les étrangers aux nationaux, et à moins d'être lui-même étranger, cette conduite devrait passer pour impossible, si l'on ne la voyait se réaliser en certains temps et lieux. Un étranger sert le gouvernement et ne sert pas le pays : il est dévoué au souverain plus qu'à la nation, et pour servir l'un il mitraillera l'autre, ce que ne feront pas aussi facilement des nationaux. Mais la main qui aura frappé le peuple, n'aura déchiré que son propre sein et apprêté sa propre ruine.

La préférence systématique accordée aux étrangers est toujours une sorte d'humiliation pour la totalité de la nation, et est marquée au coin de l'offense. On ne se reconnaît jamais l'incapacité de servir un pays qu'on chérit, qui est le sien ; on ne cède jamais à d'autres ce privilége, le premier et le plus doux des droits. Les souverains qui préfèrent les étrangers font voir bien peu d'amour pour leur pays ; ne faisant pas cause commune avec leurs sujets, ils se discréditent et se compromettent à leurs yeux ; ils s'accusent eux-mêmes de méfiance et se

laissent soupçonner de mauvaises intentions.
Il y a des égarements qui parlent seuls, qui
se passent de commentaire, et celui-ci est du
nombre. Les rois qui, pour se soutenir sur
leur trône, n'ont d'autre moyen que de gouverner leur peuple par des étrangers, touchent
à leur ruine, et l'accélèrent par le moyen même
dont ils se servent pour l'empêcher. Qui témoigne de la défiance, éloigne de lui les cœurs,
et celui qui affiche du mépris appelle sur lui
de justes haines. Celui qui ne sait pas gouverner le pays avec les hommes du pays, n'est
pas digne d'en être le chef. Plus il y a de conformité, de liens d'affection, entre les chefs
et les subordonnés, mieux on s'en trouvera,
dans les grands événements, quand même des
affaires peu graves devraient se faire avec moins
de zèle et plus de négligence.

La capacité est le premier titre à l'admission
aux emplois; elle forme le capital immatériel
de l'État, et celui qui donne la préférence aux

incapables dissipe ou enfouit une partie de ce capital, et commet une fraude au détriment de la richesse publique. S'il agit ainsi sans mauvaise intention, il y a inhabileté; si, au contraire, c'est son intérêt privé qui le guide, il y a délit. Il doit y avoir désapprobation pour l'erreur, pénalité pour la contravention; destitution des chefs qui ne savent pas discerner les hommes qu'ils placent, persécution judiciaire contre ceux qui se laissent influencer par des avantages personnels dans la répartition des charges publiques.

Les capacités nécessaires aux fonctionnaires sont différentes, selon la nature des emplois. Un âge mûr, un esprit sain, des mœurs pures, des connaissances au moins élémentaires sont de première nécessité pour tous les employés indifféremment. Pour des emplois tout à fait subalternes, il n'est pas indispensable d'être majeur; pour certains autres cela est insuffisant, et la maturité de l'âge est nécessaire. En général, c'est une erreur que de faire de l'âge une première condition de l'admission aux emplois. La jeunesse a des qualités qui lui sont particulières, et que la vieillesse ne possède pas : l'ardeur, la fougue, l'impétuosité sont utiles parfois ; le cœur, l'énergie sont toujours nécessaires. Il y a donc des emplois que les jeunes gens sont surtout propres à remplir ; la vieillesse ressemble parfois à l'enfance, par sa faiblesse. Tous les emplois d'ailleurs ne réclament pas de l'expérience, qualité qui, du reste, est loin de tenir lieu de toutes les capacités. Un esprit juste et pénétrant peut se tirer de tel embarras qui, par sa nouveauté, trouverait en défaut l'expérience même. Il y a telle fonction subalterne qui exige de la routine, la connaissance des détails, tandis que telle autre, bien plus haute, n'en demande point, et ne réclame que du tact, de l'esprit, et ce coup d'œil qui embrasse l'ensemble des affaires, et coordonne les effets avec les causes.

Si l'âge est rarement une condition exigée positivement et directement, il devient une

nécessité par l'organisation générale du service, qui ne laisse parvenir aux sommités de
l'État qu'après une longue série d'années passées dans les différents grades. C'est là le principe dominant de l'administration russe. Rien
n'est plus faux. La valeur se règle aussi peu
sur la durée du service que sur l'âge, et elle
doit être la seule mesure de la participation
aux emplois publics.

Le gouvernement doit rétribuer ses agents
selon leurs besoins ordinaires, selon les dépenses inhérentes à leur poste, l'importance
de celui-ci, et le plus ou moins de confiance
qu'il exige. La vénalité des employés est toujours en proportion des tentations que présente leur charge, de leurs besoins, et de l'insuffisance de leur traitement. On la prévient
et l'empêche par l'augmentation des appointements, par une instruction morale, et enfin
par des peines sévères contre les dilapidations.
Lorsqu'il se présente au service des hommes

qui unissent la fortune aux principes et aux connaissances, on fera tout pour les y engager et pour les retenir, par des procédés délicats et de justes distinctions.

La responsabilité des fonctionnaires est une garantie indispensable de toute bonne administration; les lois ne sauraient prévoir tous les abus que peuvent commettre les employés, et une justice arbitraire est indispensable pour y remédier. Les abus prévus par la loi entraînent des peines légales; la destitution doit s'appliquer aux autres. Dans les gouvernements absolus, la responsabilité des ministres est abandonnée à la discrétion du monarque. Sous le régime populaire, le peuple doit participer au jugement, sinon au déplacement des fonctionnaires. Il y a tels abus qui sont trop avantageux au pouvoir, pour qu'il ait intérêt à les empêcher ou à les réprimer. Aussi a-t-on eu raison de réserver à la chambre des députés le droit de mettre les ministres en accusation; mais, afin qu'elle ne soit pas juge dans sa propre cause, on renvoie les accusés devant la chambre des pairs; quant aux autres fonctionnaires, ils sont jugés par les tribunaux ordinaires.

La responsabilité peut se borner aux ministres, comme elle peut aussi s'étendre à tous les fonctionnaires. Elle est plus simple dans le premier cas, plus efficace dans le second. Dans l'un comme dans l'autre, les ministres doivent être libres dans l'admission et le déplacement de leurs subordonnés, puisqu'ils répondent solidairement de leurs actes. A part les faits d'une grave importance, la destitution, avec défense de rentrer au service, paraît être une peine suffisante pour la plupart des contraventions commises par les fonctionnaires. La grâce du roi ne devrait jamais, en pareille matière, s'étendre jusqu'à la réhabilitation complète du condamné.

CHAPITRE IX.

De l'organisation de l'armée.

———

Le service militaire est un impôt personnel et direct, une contribution en nature, et, comme tel, il doit être établi selon les principes qui doivent régler tout impôt, et qui sont : la généralité et l'égalité proportionnelle. Comme toute charge, on doit s'appliquer à le faciliter, et à l'alléger le plus possible.

Suivant ces règles, le service militaire doit être imposé à tous indistinctement, mais dans les proportions absolument indispensables à la sûreté de l'État, et suivant les moyens de

chacun. Ceux qui ne présentent pas les qualités requises pour un soldat, doivent être
éloignés du service, et ceux dont l'appel aux
armes priverait une famille de son appui, ou
occasionnerait des pertes disproportionnées
à l'utilité qui résulterait de leur présence sous
les drapeaux, doivent en être dispensés. Suivant ce même principe, il est juste et utile
que ceux qui ont des moyens supérieurs ne
soient pas confondus dans les rangs obscurs
de l'armée, mais qu'ils soient employés selon
ces moyens ; que ceux qui peuvent être plus
utiles à leur pays dans la vie privée, soient
conservés dans le cercle de l'activité qui leur
est propre. En réglant avec quelque habileté
les conditions qui dispensent du service militaire, on pourra en faire profiter telle capacité ou telle carrière que l'on voudra. Le rachat
ou le remplacement est, de toutes les mesures,
la plus mal entendue ; elle donne à l'armée de
mauvais sujets à la place de bons, accorde
trop à l'argent, qui n'est nullement la mesure

de l'utilité d'un homme, et pousse les familles à leur ruine.

La durée du service militaire est une question des plus importantes, et qui est loin d'avoir reçu sa solution définitive. Un terme court peut être avantageux aux soldats eux-mêmes, mais il est contraire à la bonté de l'armée. En trois ou quatre ans on ne forme que des soldats médiocres, et on n'obtient, avec ce mode, qu'une armée de recrues. La durée du service doit varier suivant les nations et les différentes armes. Il faut plus de temps pour faire un bon cavalier qu'un bon fantassin[1], et il en faut

---

[1] M. le maréchal Soult a soutenu à la Chambre, lors de la discussion de la loi sur le recrutement, qu'il fallait plus de temps pour former un fantassin qu'un cavalier, le fantassin ayant plus besoin d'être endurci aux fatigues. J'avais toujours pensé que le cheval fatiguait tout autant que la marche; le temps que le cavalier donne aux soins de son cheval est autant d'enlevé à son repos. En tout cas, l'opinion de M. le président du conseil ne peut s'ap-

plus encore pour un artilleur. Un Français est plus vite formé qu'un Allemand, un Allemand plus tôt qu'un Russe, un Parisien plus tôt qu'un Breton, un Russe plus tôt qu'un Finois. Il faut de l'intelligence et de l'adresse pour un soldat, et l'expérience vaut mieux encore que le meilleur apprentissage. Un soldat qui n'a pas senti la poudre n'est pas un bon soldat ; les militaires qui n'ont pas fait la guerre ne sont pas des militaires. On ne peut pas compter sur une armée qui n'a pas fait ses preuves, ou au moins elle aura un notable désavantage contre une armée aguerrie. L'état militaire est

pliquer à l'armée russe ; le paysan russe est fait aux fatigues et aux privations : dix lieues sont la journée de marche habituelle d'un ouvrier en Russie. Je fondais d'ailleurs mon opinion sur un raisonnement bien simple : il me paraît bien plus difficile de manier un cheval ou une pièce d'artillerie que ses propres jambes. Une recrue peut tout de suite, en temps de guerre, prendre place dans les rangs de l'infanterie, tandis qu'on ne pourrait pas la placer dans la cavalerie.

uu rude métier, qui demande qu'on s'y voue exclusivement. Ceux qui en font leur profession unique valent bien mieux que ceux qui ne l'embrassent qu'en passant, sans autre pensée que de l'abandonner au plus tôt. Si le soldat restait dans les rangs tant qu'il est valide, l'armée y gagnerait considérablement, et avec elle, le pays entier, car il y aurait bien moins de bras d'arrachés aux travaux, et bien moins d'industries en souffriraient. Il faut surtout songer à rendre l'état militaire le moins défavorable possible. Le jour où des avantages réels seront attachés à cette profession, on trouvera assez de volontaires pour maintenir une armée suffisante [1], et ces hommes formeraient les meilleurs soldats, parce qu'ils le seraient devenus de leur propre gré. Si les volontaires sont assez généralement de mauvais

[1] Le nombre des engagements volontaires en France, pendant les années de 1830 et 1831, s'est élevé à 42,000. En Suède et en Angleterre, c'est le principal mode de la composition de l'armée.

sujets, ils sont plus souvent encore de bons
militaires, et la discipline ne manque jamais de les corriger. Pour les temps extraordinaires, on pourra faire usage des mesures
extraordinaires, telles que le recrutement ou
la conscription. Quant au pressement qu'on
exerce encore en Angleterre, c'est un abus, sur
la barbarie duquel il ne peut y avoir de différence d'opinions.

Le gouvernement russe ne paraît pas avoir
été heureusement inspiré, en réduisant de
vingt-deux à quinze ans le service du soldat.
Il a, par là, accru les charges de l'État, privé
l'armée de ses meilleurs sujets, et, loin de
soulager ceux-ci, il en a fait de vrais parias, en
ne pourvoyant pas suffisamment à leur subsistance ; il en a fait de plus un élément de trouble
et de révolte. Au lieu de relever et d'honorer,
par tous les moyens, l'état du soldat, si pénible et si peu attrayant par lui-même, il l'é-
rige en peine légale. Aussi l'armée russe se

recrute en grande partie dans la lie de la nation, et la discipline n'y est maintenue que par un luxe de cruauté dont les innocents souffrent autant que les coupables.

Le recrutement est, en Russie, plus qu'ailleurs, une plaie sociale et économique, une véritable guerre avec tous ses ravages. On se ruine pour se racheter, on se mutile pour échapper à la conscription. Si l'on parcourt le pays pendant le recrutement, on croit marcher sur les traces d'un ennemi sanguinaire; on n'entend partout que lamentations et sanglots, et on prendrait pour un cordon de galériens la troupe des recrues. Les malheureux prennent la fuite, se cachent dans des forêts, où on va leur faire la chasse comme à des bêtes fauves. On croit avoir fait un chef-d'œuvre en adoptant, dans certaines provinces, le tirage au sort pour les paysans de la couronne. Il est vrai qu'on se résigne plutôt au sort qu'à l'arbitraire des employés, paralysé par cette innovation; mais le principe n'en est pas moins condamné partout où il existe. Ce n'est pas faire un bien grand effort d'esprit que d'abandonner au sort ce qui doit être réglé par le droit et la sagesse. Puis la Russie est, par excellence, le pays où les nouvelles lois n'ont pour effet que d'obliger à chercher de nouveaux moyens de les éluder. Pour trouver des dispositions qui soient à l'épreuve de la cupidité et de l'immoralité des employés russes, il faut commencer par métamorphoser ceux-ci, et attaquer ainsi le mal dans sa racine.

· La garde nationale est une corvée plus qu'un honneur, une charge publique plus qu'un utile auxiliaire de l'armée ; elle est tout au plus bonne au service de garnison, ce qui rend possible la mobilisation d'une partie plus considérable de l'armée active. En cas d'une guerre d'invasion, elle peut même être de quelque utilité à la dernière extrémité. Elle prévient les guerres civiles, parce qu'elle rétablit plus aisément l'ordre, en se rangeant du côté du gouvernement. D'autre part, en embrassant la cause du peuple, elle peut faire respecter ses droits, comme elle peut aussi rendre la guerre plus longue et plus désastreuse. C'est une institution purement démocratique, et parfaitement superflue, là où l'armée est animée d'un véritable sentiment populaire, qui ne lui permet jamais de devenir l'armée du despotisme.

CHAPITRE X.

De la police secrète.

—

Ce n'est jamais que le rebut de la société humaine qui se prête à l'infâme métier d'espion, et c'est à ceux que la société a rejetés de son sein que l'on confie la haute surveillance de cette même société. C'est sur les ennemis naturels de la moralité que l'on se repose de la tranquillité et du salut publics; ce sont les hommes les plus indignes de l'État qu'on prend pour maintenir le bon accord entre le monarque et ses sujets, et pour veiller sur les intentions, les pensées, les paroles et les actions des honnêtes gens. Il y a là de quoi révolter le bon sens, et remplir d'indignation tout homme de cœur.

Ne pouvant accorder sa confiance entière à des hommes aussi abjects, le gouvernement se voit obligé de préposer à ces espions des espions qui les surveillent, et les dénoncent à leur tour. Mais, pénétré bientôt de l'insuffisance de ces mouchards ordinaires qui, n'ayant d'accès nulle part, sont de trop peu d'utilité, le pouvoir, à qui rien ne coûte que le premier pas, et qui ne recule devant aucune considération, cherche à se créer des agents au sein même de la société. Les moyens de séduction dont il dispose ne lui font malheureusement atteindre ce but que trop aisément. Il ne rencontre que trop de gens prêts à lui vendre leur conscience, leurs amis et leurs parents, à tel point, qu'il y a des États, ou au moins des capitales, où l'on trouve plus de surveillants que de surveillés. Mais on ne s'en tient pas encore là ; on suspend la peine sur la tête de ceux qui ne révèlent pas les complots dont ils ont connaissance, et l'on traite la non-révélation de complicité morale. C'est là le couronnement de cette digne institution. Et dire que tout ceci se commet dans l'intérêt de la société, de la sécurité et de la moralité publiques, c'est se jouer étrangement des mots, et ajouter la raillerie à l'infamie. Démoraliser la société, c'est la désorganiser, et non point la sauver ou l'affermir. On voulait le repos, et on sème la méfiance et la crainte ; on voulait l'amour, et l'on obtient l'indifférence, le mépris ou la haine!

L'existence seule de la police secrète accuse toujours un mal profond au sein du gouvernement lui-même. Elle démontre sa faiblesse, son peu de confiance dans la bonté de ses institutions et de ses mesures, dans l'efficacité de ses moyens ordinaires pour réprimer les attentats. S'il est bon et puissant, qu'a-t-il besoin de craindre? s'il est aimé, quelle autre garantie a-t il besoin de sa durée? Qui oserait lever la main contre un monarque adoré? Qui

oserait conspirer contre un ordre de choses
convenable? Ceux qui le tenteraient s'attire-
raient l'indignation publique, et n'échappe-
raient jamais à leur peine. Mais l'amour du
peuple, cette seule égide puissante des rois, ne
s'acquiert pas, il se détruit bien plutôt par
la police secrète, dont l'origine est la méfiance,
et dont le principe est la crainte. L'amour se
gagne par une bonne administration, et la police secrète la rend impossible. Pour se flatter
d'extirper un mal quelconque, il faut l'attaquer dans son germe; or, le germe des complots est dans l'abus du pouvoir et le mécontentement des citoyens, et la police secrète
ne fait que les aggraver, en fournissant de
nouveaux sujets de plainte, car elle-même est
le plus grand des abus. Elle ne peut qu'alimenter le mécontentement, par ses mesures
toujours vexatoires, même par sa seule présence, toujours révoltante. Atroce et injuste,
elle est non-seulement inutile, mais perni-
cieuse au pouvoir. N'apportant aucun remède

aux maux véritables, elle ne peut qu'engager les conspirateurs à redoubler de prévoyance et d'astuce. Elle ne découvre que les complots si mal tramés, qu'ils se trahiraient d'eux-mêmes ; et ceux qui peuvent ne pas échouer, réussissent à son insu et malgré elle. Sa présence porte les conjurés à augmenter leurs ressources et leurs précautions ; elle leur fait presser l'exécution de leurs entreprises, tandis que, sans elle, ils resteraient plutôt dans une insouciance qui leur serait fatale, et dans une nonchalance qui finirait par les trahir. Il ne se trame pas des complots tous les jours, tandis que la police secrète crée un état d'alarme perpétuel, et répand la crainte sur tout le monde : or, la crainte produit souvent les effets du courage désespéré ; elle pousse à la conjuration et à l'insurrection, avec une persévérance et une promptitude que le courage confiant en lui-même ne présente que rarement.

La police secrète, loin de diminuer les complots, les augmente, d'abord parce qu'elle ajoute, par elle-même, de nouveaux griefs à tous ceux qui existent déjà : on se sent humilié de se voir surveillé partout et toujours, à la sourdine, dans les moindres faits et gestes ; ensuite, pour justifier sa nécessité, aux yeux de ceux qui l'ont instituée, la police secrète se donne une activité factice, remue les mauvaises humeurs du peuple, les fait fermenter, et s'impose un zèle toujours dangereux. Faute d'occupations, elle va parfois jusqu'à s'en créer d'elle-même, simuler ou provoquer des conjurations, pour se donner, avec du travail, l'occasion de se distinguer, et de bien mériter de ses chefs. Quelle qu'elle soit, elle aura toujours contre elle les hommes de principe et de cœur ; pour elle, la lie de la société ; ce qu'il y aura de mieux dans l'État se liguera contre elle, et contre le gouvernement qu'elle compromet et ébranle.

En présence de la police secrète, dit-on, on se méfie et on se fuit ; craignant de trouver un espion dans celui qu'on prendrait pour confident, on ne conspire pas. — Voilà donc la société désorganisée : on s'aborde, on se parle, on se fréquente avec réserve; on se soupçonne l'un l'autre. Il n'y a ni épanchement ni affection possibles. On conspire moins, peut-être, mais on conspire mieux. On ne s'adresse qu'à des hommes éprouvés, dont on connaît les antécédents, les moyens d'existence et les principes. Les liens gagnent en intensité ce qu'ils perdent en étendue. On ménage son temps et ses paroles, et on agit avec plus d'ensemble. On se risque toujours, car il y a des charmes dans le danger; on espère toujours, car l'espérance est la vie, et l'on ne craint plus rien quand il y a tout à gagner et peu à perdre; il y a de la lâcheté à supporter un joug trop lourd, et enfin, il y a telle situation, dans la société, où l'on préfère la mort à la vie, le supplice au suicide. Quand on voit empoisonner tous les jours de sa vie, l'on aime mieux mourir tout d'un coup, que de se laisser consumer à petit feu.

Comme on ne conspire pas toujours, le rôle de la police secrète devient une dérision, et l'on aurait beaucoup à rire si l'on parcourait ses archives. — « Un tel, lui écrit-on, fréquente des hommes suspects en politique. — Qu'il soit suspect lui-même. — Uu tel autre est soupçonné d'idées peu *orthodoxes*. — Qu'a-t-il dit ? — Il fuit le monde. — Que pense-t-il ? — On ne peut le préciser.— Qu'on le mette à l'index. — Un troisième n'a pas une haute opinion des mesures du gouvernement; il sourit plus ou moins malicieusement quand on parle du souverain. — Qu'on ait l'œil sur lui. — Un quatrième parle mal des autorités. — Qu'on l'amène devant nous ! » — A quoi aboutissent toutes ces hautes mesures ? Au ridicule et à des dépenses inutiles, à la haine des citoyens; car les hommes que la police secrète aura souillés de son contact, garderont au cœur l'empreinte de sa main, et ne pardonneront pas de si tôt l'injure qu'on leur aura faite, plus ou moins publiquement; ils ne laisseront pas échapper l'occasion d'en tirer vengeance, et cette occasion ne se présentera à eux que trop tôt.

A défaut de Catilinas et de Brutus, la *chronique scandaleuse* forme la récolte journalière de la police secrète. Celle-ci amuse le souverain, divertit le ministre, forme et entretient les liaisons clandestines et les bonnes relations. De par elle le monarque tout-puissant sait tout, voit tout et est partout. La police secrète est la montagne qui accouche laborieusement d'une souris.

Une des attributions de cette police est la violation du secret des lettres. Cette mesure est aussi injuste qu'inutile : injuste, parce qu'elle est immorale ; inutile, parce que les hommes qui ont à s'écrire des choses contraires au gouvernement, ne vont pas les confier à son entremise, quand ils savent qu'il ne respecte pas le seing privé. S'ils étaient assez simples pour le faire, ils seraient trop maladroits pour être dangereux.

Reste la police secrète pour les crimes ordinaires. Confiée à des mains habiles, elle peut être d'une grande utilité; dûment organisée et administrée, elle peut être non-seulement justifiable, mais même recommandable. On ne saurait user de trop d'adresse contre les ennemis jurés de la société. Et encore tous les moyens ne sont pas bons, même pour un but louable : aussi ne doit-on user de celui-ci qu'avec une grande réserve, et à l'extrême nécessité; mais on doit bien plutôt s'appliquer à perfectionner les moyens ordinaires, au point de les rendre suffisants pour tous les cas.

CHAPITRE XI.

Des délits politiques.

—

Dans un gouvernement despotique, le plus grand délit est de déplaire au souverain et à ses favoris, comme le plus grand mérite est de leur plaire. Il n'y a rien qui tienne contre un pareil forfait : l'agneau passera pour un loup, tant que les agneaux, devenant des loups, n'auront pas fait justice du despotisme. Il suffit qu'un homme soit mal vu par le souverain, pour que tous le voient du même œil, lui ferment leurs portes ou le poursuivent à outrance. Son silence sera interprété comme une conspiration ; son inaction passera pour de la haine; ses meilleures actions seront de l'hypocrisie. On l'épiera dans sa vie domestique; ses moindres faits et gestes seront dénoncés, travestis; on l'accusera sans cause, on le condamnera sans jugement. Et que faut-il pour déplaire à un despote? Un extérieur qui le choque, une barbe trop longue ou un habit trop court! Une parole inconsidérée ou déplacée, un mot à double entente est plus qu'il n'en faut mille fois pour rendre l'homme qui l'a prononcé malheureux toute sa vie, et pour confondre, dans sa perte, sa femme et ses enfants, sa famille et ses amis. La loi, dans les pays despotiques, n'est point l'égide du faible, mais elle est l'arme offensive du fort; servile comme le peuple, elle laisse au roi le choix des peines pour les délits qui se rapportent à lui.

Et comment en serait-il autrement? Peut-on faire un dictionnaire des mots injurieux, ou un album de l'intonation qu'il est permis de prêter à chaque parole, et des expressions de physionomie qu'on peut prendre à chaque mot, et qui font, à elles seules souvent, toute la signification du discours?

Ne pas saluer son souverain , ou ne pas le saluer assez servilement, est souvent un délit. Ne pas prier pour lui avec assez de ferveur à l'église, en est un autre. Passe pour la personne du souverain : tant pis pour celui qui ne le divinise pas à son gré; mais viennent ensuite ses bustes, ses médailles, son effigie, reproduite en pierre ou en couleur; et les irrévérences commises contre ces idoles sont autant de crimes de lèse-majesté qui sont punis par les peines les plus cruelles. Malheur à l'homme qui a brisé un buste par mégarde; si l'on a la moindre des choses à lui reprocher, son compte sera vite fait, et il ira expier sa maladresse sur l'échafaud ou en exil.

L'homme qui a le malheur de manier une plume ou un crayon, risque plus ou moins sa tête. S'il ne flatte pas assez adroitement le pouvoir, où s'il prête, dans ses œuvres, au moindre rapprochement défavorable contre le gouvernement, s'il se permet des railleries déplaisantes ou des allusions blessantes, les portes d'un cachot s'ouvrent pour lui, où le chariot de la déportation l'attend au milieu de la nuit.

Des hommes disparaissent sans qu'on sache où ils vont ; d'autres s'en vont, sans qu'on sache quand ils reviendront. La longueur de la peine dépend de la durée du courroux du maître ; et que de gens ont été oubliés en exil, ou ont péri dans un cachot, parce qu'on avait autre chose à faire que de penser à eux ! Le cordon du sultan est un procédé plus chevaleresque, plus court et plus clair, plus franc, plus loyal, et même plus humain.

Les délits politiques forment l'arme la plus terrible du despotisme ; ils servent de prétexte et d'excuse à toutes les persécutions, se prêtent à tous les raffinements de la tyrannie, couvrent toute injustice et masquent toutes les passions. Ils détruisent la sécurité et la moralité publiques et privées.

L'inquisition, la torture, ont été condamnées au tribunal de la religion et de la morale, du droit et de la politique. Grâces en soient rendues aux mœurs et aux lumières ! Faisons des vœux pour que les persécutions politiques aient le même sort. Et pourtant, quoique proscrite ostensiblement, la torture n'existe pas moins, de fait, dans certains recoins ; elle n'est pas moins pratiquée, en partie et dans l'ombre, pour des délits politiques qui paraissent devoir excuser les plus grandes atrocités. Des peines plus ou moins fortes sont infligées, dans maint pays, pour amener les accusés à convenir des délits qu'on leur reproche. Que ne fait pas le despotisme ! Les tourments qu'il inflige arrachent à plus d'un innocent l'aveu de crimes qu'il n'a jamais commis. La confiscation des biens, cet autre héritage des temps barbares, n'est pas moins encore la fidèle compagne des persécutions politiques. Quand elle ne prive pas les héritiers innocents de moyens d'existence, elle démoralise les parents, au profit desquels elle a lieu; quand elle profite au gouvernement, elle le constitue doublement juge et partie; et loin de détruire les délits politiques, elle les multiplie au gré de la cupidité du pouvoir.

Heureusement, les pays civilisés et les pays libres ont porté la lumière dans ce gouffre affreux des délits politiques, et, en les soumettant à des lois fixes, ont rendu la moralité aux gouvernements et le repos aux individus. Ils ont proscrit la confiscation, les agents provocateurs qui poussent aux délits ceux même qui y songent le moins. Ils ont sagement appliqué des peines correctionnelles aux paroles indiscrètes, aux faits sans conséquence, qui, ailleurs, sont traités de crimes de lèse-majesté. Mettant leur puissance dans l'amour plus que dans la crainte, leurs gouvernements, se sont sentis, et faits par là même assez forts pour ne pas prendre ombrage d'actions sans portée, et ils se sont gardés de sévir contre des étourdis que des tyrans pusillanimes ont assimilés aux grands conspirateurs. L'opinion publique est allée plus loin encore : laissant là les faits, elle a pris en considération les intentions, et reconnaissant, dans les délits politiques, un mobile plus ou moins louable, le désir du bien public, elle n'a pas voulu punir l'égarement à l'égal de la préméditation criminelle. Il serait à désirer qu'on fît toujours, dans ces cas, la distinction des entreprises désintéressées et des attentats qui ont pour mobile une perspective d'avantages personnels, et auxquels la politique ne sert que de voile.

Mais avant tout et surtout, il faut combattre le mal dans son origine, éloigner toute cause de mécontentement, intéresser la plus grande masse au maintien de l'ordre établi, se concilier la bienveillance des hommes éclairés. Plus on laisse s'amasser de sujets de plainte ou de malaise, plus on donne de prétextes aux attentats politiques; plus on se rend coupable des délits qu'on provoque, par sa propre inhabileté, et moins on a raison de sévir contre eux.

Aux États-Unis, on peut dire tout haut que le gouvernement démocratique ne vaut rien; on peut se réunir en tel nombre qu'on veut; on peut brûler le drapeau de la république, pourvu qu'on l'ait acheté; on peut conspirer ouvertement. Qu'arrive-t-il? C'est que personne ne conspire.

LIVRE TROISIÈME.

POLITIQUE EXTÉRIEURE.

CHAPITRE PREMIER.

De la diplomatie et des diplomates.

Il est d'usage d'entretenir, auprès des puissances étrangères, des représentants officièllement accrédités. Ils ne donnent pas beaucoup de relief au souverain qu'ils représentent, et n'embellissent que médiocrement les cours où ils résident ; ils forment pourtant un mélange assez bizarre de races, de langues et de costumes, d'uniformes et de décorations.

La science qui préside à leurs faits et gestes se revêt du nom pompeux de *diplomatie*. L'étiquette est leur principal champ de bataille, et ils sont toujours à cheval sur les convenances. Leur savoir consiste à recevoir ou à envoyer une dépêche ; leur art à faire des salutations. Ils en font six à leur réception : trois en se présentant, et trois en se retirant. Ils font de grands saluts aux hommes puissants, des demi-saluts à ceux qui penchent vers la défaveur, point du tout aux hommes déchus. Ils font la grimace à leurs ennemis plus puissants qu'eux, et des menaces aux faibles. Les coups n'arrivent qu'après, et sont du ressort des *guerriers*. Leurs coups, à eux, sont des coups d'État, et cette partie, la plus importante de leur science, s'appelle naïvement l'*intrigue*.

Les dames *influentes* sont leurs chefs d'état-major; les dames remuantes, leurs aides de camp. Pour se les rendre propices, ils doivent posséder l'art de plaire, et être plus ou moins de beaux hommes ou de jolis garçons. Aussi, si j'approuve la mesure du gouvernement russe, qui a remplacé ses ambassadeurs par des chargés d'affaires, c'est parce que ceux-ci sont plus jeunes et, comme tels, plus en état de plaire.

Les diplomates doivent avoir l'usage du monde au plus haut point possible; les talents de société leur sont d'une grande utilité. S'ils n'ont pas une belle voix, s'ils ne touchent pas avec agrément quelque instrument de musique, ils sont tenus au moins de monter à cheval avec une certaine perfection. Ils doivent également posséder l'art de dissimuler à un très-haut point. D'abord et avant tout, il leur faut mentir sans rougir, entendre les plus plates flatteries, comme les plus fortes sottises, sans sourciller. S'ils se trouvent entre deux hommes dont l'un est leur ami et l'autre leur ennemi, ils partageront leur figure en deux, souriant à gauche et grimaçant à droite. Ils se garde-

ront bien de faire voir le fond de leur pensée;
ils parleront des heures entières contre leur
conviction, et garderont la vérité et la fran-
chise pour leur usage domestique; ils seront
sur la réserve, même dans leurs foyers : leur
chère moitié ne sera jamais de moitié dans
leurs secrets, à moins qu'elle ne soit pour
tout dans leurs fonctions, et cela, avec l'assentiment du gouvernement.

L'utilité des ambassades ordinaires ne me
paraît pas être parfaitement démontrée. Leur
fonction consiste à veiller sur l'intérêt de leur
nation; à surveiller celle chez laquelle ils se
trouvent, et à défendre leurs compatriotes.
Or ceux-ci se passent fort bien de leur protection, depuis surtout qu'elle est devenue tout à
fait illusoire; le gouvernement auprès duquel
les diplomates sont accrédités, échappe à leur
surveillance, la neutralise ou la rend superflue,
et les intérêts de leur propre nation, rarement
compromis, ne peuvent être réglés par eux

définitivement; car ils sont tenus, en toute chose, d'en référer à leur gouvernement. Dans la plupart des pays, il y a, pour les étrangers, une législation particulière, qui ne souffre ni exceptions ni modifications, et qu'on applique sans la recommandation des ambassadeurs, dont plusieurs d'ailleurs ont adopté le principe de la non-intervention dans les affaires particulières et les démêlés de leurs compatriotes avec les nationaux. Il n'en est pas de même, à la vérité, dans les pays barbares, où les gouvernements n'ont ni foi ni loi, qui ne respectent ni le droit des gens ni les droits de l'humanité. La présence des diplomates étrangers sert de frein à leur cruauté, et leurs réclamations peuvent produire des effets salutaires.

Soit par goût, soit par désœuvrement, les diplomates, au lieu de veiller sur leurs compatriotes, les surveillent et les dénoncent. Mais c'est là déroger à leur dignité politique et personnelle, et les individus qui se respectent, se gardent bien de confondre ainsi la diplomatie avec la police; ils se contentent du rôle qui leur est assuré d'ancienne date, celui d'*espions de guerre en temps de paix.*

Il est plus honorable de surveiller le pays et le gouvernement étrangers; mais comme les diplomates sont des agents publiquement accrédités, on se méfie d'eux, et ils sont souvent les derniers à apprendre ce que tout le monde sait déjà; aussi leurs nouvelles n'ont-elles pas toujours l'intérêt de la nouveauté. Pour y remédier, on entretient parfois des agents secrets qui renseignent les agents officiels, et ont, au besoin, l'œil sur eux. Ceci condamne sans réplique les ambassades, dont l'insuffisance et l'inutilité deviennent plus manifestes encore pour les pays où les affaires se traitent publiquement.

Lors de leur établissement, les ambassades avaient l'avantage d'explorer le pays qu'elles allaient habiter; mais aujourd'hui, la géographie et la statistique n'ont rien à apprendre des diplomates, et ont au contraire tout à leur enseigner ; et quant aux pays encore peu connus, les missionnaires ont, sur les diplomates, un avantage qui n'est pas douteux.

Puisque nous sommes sur l'article des connaissances nécessaires en diplomatie, nous nous permettrons de recommander aux diplomates des études plus sérieuses en matière de droit. Leur ignorance, sur ce point, s'est révélée plus d'une fois, et a été le sujet de bien des difficultés. Habiles tout au plus à pourvoir aux faits isolés, aux nécessités du moment, l'avenir a souvent échappé à leur pénétration, et l'ambiguïté de leur rédaction a donné lieu à bien des embarras. En revanche, on pourrait leur faire grâce de la calligraphie, dans laquelle ils excellent presque généralement.

Les ambassades entretiennent les bonnes relations entre les souverains, toutes les fois qu'elles ne les compromettent pas par l'inhabileté et la susceptibilité de leurs chefs. Les

petits et les grands présents, les correspon-
dances directes entre les monarques, leurs
entrevues personnelles, les alliances de famille y pourvoient bien mieux encore. Les
missions extraordinaires achèvent de rendre
les ambassades absolument superflues. Elles
ont lieu pour tous les événements particuliers,
et pour tous les cas exceptionnels. Les congrès et les conférences peuvent seuls concilier
des différends véritables, et résoudre les questions de quelque importance générale. Les frais
d'entretien des ambassades ne laissent pas
d'être très-considérables, et de recommander
impérieusement leur suppression. Il est vrai
que ces dépenses sont compensées par celles
que les missions étrangères font dans le pays ;
mais ce profit ne rentre pas dans les caisses
publiques, et il faut espérer que l'esprit de
parcimonie qui s'empare de la plupart des
gouvernements, finira par abolir les ambassades, sans qu'il en résulte de bien graves embarras pour les peuples.

Elles procurent bien aux gouvernements des facilités pour se débarrasser des hommes qui les gênent par leur turbulente inactivité ou leur ambition incommode; on les éloigne par des ambassades, qui deviennent ainsi des sinécures pour des invalides, des bâillons pour les hommes remuants, des gratifications pour des liaisons importantes; mais cet avantage n'est pas d'une utilité bien incontestable pour les peuples. A tout prendre d'ailleurs, la carrière diplomatique n'est déjà pas si belle par elle-même, pour que ceux qui s'y livrent ne puissent trouver des dédommagements à sa suppression. Bédouin des cours, Bohémien du monde, le diplomate est partout, comme l'oiseau sur la branche, prêt à s'envoler au premier coup de sifflet de son maître. Après avoir rompu les liens qu'il s'était faits dans son pays, il n'en forme pas de bien solides dans celui des autres, et, quand il rentre dans sa patrie, il s'y trouve tout désorienté. Ne convenant à aucune autre branche d'administration, il se voit réduit souvent à vivre de souvenirs, qui ne sont pas toujours très-purs et très-consolants.

CHAPITRE II.

De la paix et de la guerre. De la nationalité et du cosmopolitisme.

—

« Je ne ferai point, disait J.-J. Rousseau , l'offense à mon lecteur de prouver que la paix vaut mieux que la guerre. » Mais, à voir la légèreté avec laquelle on s'engage tous les jours dans la guerre, en sacrifiant les délices de la paix; à voir le développement des forces militaires qui frappe partout les yeux, et épuise les peuples, il faut convenir que les idées de paix n'ont pas encore pris assez de consistance et d'extension; et, tant que le monde sera tourmenté par le démon de la guerre, c'est à l'esprit à s'armer contre lui de toute sa puissance. Le gouffre qui sépare les nations se comble bien lentement, et les lumières n'aplanissent pas assez vite les bornes que la barbarie a élevées entre les peuples. La tour de Babel est debout, et l'on ne sait, ni quand nous échapperons à la condamnation qui pèse sur nous depuis tant de milliers d'années, ni si les haines et les préventions entre les peuples feront jamais place à des sympathies véritables.

Les États sont encore, quant à leurs rapports réciproques, dans l'état de nature. On fait appel à la force dans la plupart des différends ; l'état de guerre entre les peuples, c'est l'état de nature entre les individus ; ne fera-t-il donc jamais place à l'état de société, de paix et d'ordre, où les rapports entre les nations soient fixés par des lois, et leurs différends résolus par des jugements ? La paix universelle sera-t-elle toujours du domaine des rêves, et ne passera-t-elle jamais dans celui de la réalité ? Il est plus facile, pour nous, de nous représenter l'avénement de la paix générale, qu'il ne l'a pu être, pour les sauvages, de pressentir l'établissement des États, de prévoir le jour où ils vivraient côte à côte, sans guerre, pour leur bien commun. Le monde a toujours procédé ainsi : d'abord c'étaient les individus qui se faisaient la guerre ; puis, réunis les uns aux autres, ils l'ont faite aux hameaux ; ensuite se sont formées des cités qui se sont entre-déchirées ; puis la rivalité a passé à des provinces, jusqu'à ce qu'enfin celles-ci aient été absorbées par les États. La guerre prenait des dimensions plus grandes, à mesure que les liens entre les hommes se resserraient davantage ; les luttes devenaient plus désastreuses en devenant plus décisives, moins longues et plus rares. Actuellement ce sont les nations et les États qui se combattent les uns les autres. La paix universelle est le degré suivant dans cette voie de la perfectibilité humaine.

Patrie est un des mots dont on a le plus abusé, et on l'a toujours mal compris. C'était

d'abord le hameau où l'on était né, la chau-
mière, l'arbre qui ont abrité les premiers jours
de l'homme. Puis le cercle de sa vue s'est étendu
avec ses connaissances, et ses sentiments ont
suivi la même progression : il a compris tout
un pays sous ce nom de patrie. Un jour viendra où nos lumières s'étendront à l'univers
entier et où chacun pourra se dire citoyen du
monde. Il y a déjà des esprits assez forts pour
être à cette hauteur ; faisons des vœux pour
que leur nombre aille en s'accroissant.

La nationalité a fait du bien, mais elle a fait
son temps, et doit faire place au cosmopolitisme. Elle a été un mieux dans la marche de
l'humanité : elle a permis l'établissement des
États, le développement des peuples ; elle
leur a donné force et consistance, et a produit entre eux des rivalités bienfaisantes. Mais
à côté de cela, combien n'a-t-elle pas produit
de maux ! C'est en son nom que les peuples se
sont déchirés pendant des siècles. Toutes les
guerres en sont découlées, ou y ont puisé leur

principal aliment. Aujourd'hui, l'esprit de nationalité n'est plus que l'égoïsme des nations, et c'est lui seul qui divise et ensanglante le monde. Nationalité anglaise ou française, russe ou polonaise, aucune d'elles ne peut trouver merci devant le tribunal de la raison. Sans elles, on aurait vécu en paix, et le bonheur aurait régné sur le monde.

Je ne ferai pas le tableau des calamités de la guerre; je ne visiterai pas les champs jonchés de morts; je ne retracerai pas les cris des blessés et des mourants, les angoisses des assiégés, le deuil des familles; je ne peindrai ni l'incendie des cités ni le sac des villes. Je ne remuerai pas davantage l'histoire. Qui ne sait que quiconque a péché par le glaive a toujours péri par le glaive? Les empires qui sont sortis de la conquête se sont éclipsés aussi vite qu'ils s'étaient formés. La Perse, la Macédoine, Rome et l'Espagne sont tombées à peine parvenues à la cime du pouvoir.

« Du triomphe à la chute, il n'y a souvent
« qu'un pas, » a dit l'homme dont la chute a
égalé le triomphe. S'étendre, c'est s'affaiblir;
gagner en espace, c'est perdre en force et en
consistance : telle est la loi de la nature entière. Un État qui est un amalgame de peuples
est un État peu normal; il ne vit pas de sa vie
propre, mais d'une vie factice, et se traîne
dans l'agonie jusqu'à sa mort, qui ne tarde que
trop peu. Ce qui fait du bien à une de ses
parties fait du mal à une autre; ce qui est nécessaire à une de ses provinces est funeste à
une autre.

Un État simple présente une communauté
d'intérêts et d'esprit qui le met à l'abri de la
discorde et de la ruine; un État composé porte
en lui-même le germe de la décomposition.
La nationalité n'est pas chose qu'on détruise
aisément; elle brave la ruse et la force, la
corruption et la violence. On l'endort parfois,
on ne l'étouffe jamais : c'est un feu qui couve
sous la cendre, et que la moindre étincelle

met en flamme. En proscrivant la langue et la religion du peuple soumis, on peut arriver à la destruction de sa nationalité ; mais ce sont là des moyens condamnables pour un but peu justifiable. La dissémination de la population conquise peut aussi amener le même résultat, mais c'est là abattre le fruit avec l'arbre. La physionomie d'un peuple ne s'efface qu'avec lui, et, tant qu'il vit, il hait ses oppresseurs, les auteurs de ses malheurs, et n'a qu'un seul but, celui d'échapper au joug. Les Juifs eux-mêmes, sur qui pèse le doigt du Sauveur, quoique sans patrie, ne sont pas sans nationalité. Et chose étrange, mais pourtant bien naturelle, c'est dans les pays où ils sont en butte à la plus dure oppression, qu'ils conservent le plus de leur originalité : on s'attache à une chose en proportion des efforts que l'on fait pour nous l'arracher, et l'on s'en dessaisit, alors que les autres ne témoignent pour elle que de l'indifférence. Le Finois et le Tatare conservent encore les traces de leur origine et les particularités de leur race. La Hongrie gêne l'Autriche; la Norvége incommode la Suède; la Belgique n'a pu se maintenir avec la Hollande; l'Italie cherchera toujours à échapper au *Tudesque*, et les Polonais ne seront pas de sitôt de loyaux sujets moscovites.

Tout bien considéré, la France est aussi forte que l'Angleterre, dont les membres, dispersés dans toutes les parties du monde, ne se lient à leur tronc que par la domination des mers qui peut échapper à l'Angleterre, comme elle a échappé à l'Espagne et à la Hollande. Elle est plus forte que l'Autriche, dont les parties n'attendent qu'un moment favorable pour se disloquer; plus forte que la Russie elle-même, dont la population, clair-semée sur un territoire immense, divisée dans ses intérêts, maintenue sous un seul sceptre par la seule force de l'autocratie, ne peut mettre, dans la balance européenne, qu'un effectif de troupes bien inférieur à celui que peut y jeter la France.

Si la Turquie n'est qu'un cadavre, c'est précisément parce que les conquérants y sont moins nombreux que les peuples qui supportent leur joug barbare et lâche.

Les limites naturelles sont les seules qu'un État doit rechercher, les seules dans lesquelles il puisse jouir du repos et être fort, et ces limites ne sont pas autant des mers, des montagnes et des fleuves, que la langue, la religion, la conformité d'origine, de mœurs et de principes. Si des pays comme l'Allemagne et l'Italie ont tout à gagner à réunir en faisceau leur petits États, les États-Unis et l'Angleterre ont retiré tous deux d'immenses avantages en se séparant l'un de l'autre; il n'en peut être autrement de la Belgique et de la Hollande; et c'est encore une question de savoir si l'assujettissement de la Pologne a plus assuré que compromis la sécurité de la Russie.

Déjà une réaction se fait sentir en faveur de la paix. Elle est due à Napoléon, cet homme que Rome a oublié de faire naître, selon le

mot de Saint-Simon. Son sort est trop récent
et trop frappant, pour engager sur ses traces
des guerriers moins habiles. Après avoir bou-
leversé l'Europe par son ambition et fati-
gué le monde de sa gloire, il n'a légué à son
peuple que des lauriers brisés. Mais il a rap-
proché les peuples, et a laissé la paix après la
guerre, et cette paix est devenue aussi bienfaisante que les guerres qui l'ont précédée ont
été funestes. Elle a augmenté la population,
la richesse et la prospérité de l'Europe. C'est
aux gouvernements à ne pas compromettre
ces avantages, et à utiliser la tendance générale vers la paix.

Si les passions des princes les rendaient
toujours sourds à la voix de la raison, si leur
moralité et leurs lumières ne peuvent faire
cesser l'état de discorde et d'inquiétude où
ils vivent perpétuellement, les peuples pourront et devront, d'eux-mêmes, se charger
d'assurer leur bonheur, en établissant la paix
universelle. A quoi bon tous ces diplomates,

si ce n'est pour se quereller sur le pas et la pré-séance, pour perpétuer les mésintelligences au lieu de les étouffer à leur germe ; ces congrès qui n'ont d'autre soin que de s'arracher les dépouilles d'un mort ou d'un mourant ? Ne pourraient-ils pas mettre leur esprit à régler les différends des peuples ; se constituer en permanence, ainsi que l'ont fait les ambassades elles-mêmes, qui sont devenues stables, de temporaires qu'elles étaient dans l'origine ; s'organiser en tribunal suprême des peuples, et veiller sur les intérêts généraux du monde, sans plus penser à léser l'un pour enrichir l'autre ?

CHAPITRE III.

De l'équilibre politique.

—

En attendant la paix universelle, c'est dans l'équilibre politique qu'on cherche et qu'on croit trouver la sauvegarde des faibles, la garantie de la paix et le salut du monde. Les hommes d'État y ont foi, comme les musulmans dans la fatalité, et pourtant il y a à peine un principe plus confus en théorie et plus éphémère en pratique ; mais, ainsi que l'homme qui se noie se confie à la première planche qu'il trouve flottante sur l'onde, ainsi les peuples se sont toujours reposés sur l'équilibre politique, criant partout son nom, le cherchant partout, et le voyant échapper au moment même où ils croyaient le tenir. Quand ce n'était pas la prévoyance ou l'expérience qui le leur faisait rechercher, c'était, pour ainsi dire, leur instinct de conservation qui les y guidait. Si ce n'est pas à son abri précisément qu'on a joui de quelque paix, c'est pour lui que se sont faites la plupart des guerres. De tout temps les peuples opprimés, ou qui craignaient de l'être, se liguaient entre eux, ou se mettaient sous la protection du plus fort, pour opposer une digue à l'envahissement des conquérants. Lors même que l'équilibre politique semblait renversé, son assiette seule était changée; l'ancien faisait place à un autre, et la tendance des peuples vers l'équilibre est aussi constante que celle des liquides à prendre un même niveau et le plus bas possible.

L'équilibre politique est une répartition de forces, entre les différents États, telle qu'elle assure leur mutuelle indépendance et l'inviolabilité de leurs intérêts respectifs. Pour cela, il n'est nullement nécessaire que tous les États soient égaux en puissance; il suffit qu'aucun d'eux n'ait une telle prépondérance sur les autres, qu'il puisse régner en maître, s'étendre à leurs dépens ou assujettir l'un d'eux impunément. Il peut et doit y avoir des États plus ou moins forts les uns que les autres, mais il faut que le faible ne puisse devenir la proie du fort.

Le plus grand obstacle à l'établissement d'un équilibre véritable, est dans la difficulté d'apprécier et de coordonner les éléments de la puissance des différents États. L'étendue du territoire en est une base fort incertaine : loin d'être une source de force, elle n'est souvent qu'une cause de faiblesse. Elle ne présente en temps de guerre qu'un seul avantage, celui de faciliter les mouvements des troupes, soit qu'on veuille les réunir pour le combat, ou les rallier après la défaite. Mais elle affaiblit l'effectif de l'armée de tout ce qui est nécessaire aux garnisons, dont l'importance est en rapport direct avec le nombre des points à garder et leur éloignement. La qualité du sol est plus à considérer que son étendue, et le chiffre de la population est plus important encore.

L'état des finances et des richesses nationales est un des principaux éléments de la puissance des peuples. C'est par son or que l'Angleterre a pu soudoyer et entretenir la plupart des coalitions lors de la révolution française, et, faute d'argent, la Russie ne peut satisfaire ses goûts de guerre et de conquête.

Le caractère d'une nation doit également être pris en considération. On doit voir si un peuple est belliqueux ou faible, persévérant ou changeant; s'il aime ses institutions, s'il tient beaucoup à son indépendance. Un pays qui dans son propre sein a des germes de troubles et de discorde, présente à l'ennemi un côté faible et accessible à l'attaque. Un gouvernement qui peut tout sur son peuple, assure plus de succès à ses projets que celui qui n'en est pas aimé ou qui est entravé par lui dans ses projets. Les rois absolus, qui peuvent mouvoir leurs troupes à leur gré, compromettent bien plus la paix universelle que les gouvernements représentatifs. L'organisation, l'expérience, l'esprit de l'armée, ne doivent pas non plus être perdus de vue. L'impétuosité de l'armée française ira de pair avec l'inébranlable fermeté de l'armée russe, mais elle l'emportera par l'instruction des généraux, toutes les fois qu'elle n'aura pas à craindre une trop grande infériorité sous le rapport du nombre. L'Albion jettera son or dans la balance politique; la Russie, son fer et son absolutisme; la France, sa plume, ce pouvoir de l'esprit, qui de nos jours a acquis une si grande importance.

La question est difficile, mais n'est pas insoluble, et le grand homme d'État, le fin politique sauront assigner à chacun de ces éléments sa valeur véritable et différente selon les circonstances.

Cet équilibre enfin, si laborieusement institué, à peu ou à beaucoup d'erreurs près, un homme arrive, comme Napoléon, qui le brise ainsi qu'il a brisé la porcelaine à Rastadt, ainsi qu'il brisait les empires; mais ces météores ne paraissent qu'à de longs intervalles, trop irréguliers pour être prévus, trop rares pour inspirer des craintes perpétuelles.

Et, lors même que la dévastation qu'ils portent avec eux ne peut être empêchée entièrement, elle peut être conjurée à temps par des alliances bien combinées. L'à-propos est, dans les coalitions, la condition essentielle. Si les peuples de l'Italie s'étaient ligués contre Rome, au moment où sa puissance devenait menaçante, elle aurait dû succomber sous leurs efforts réunis. Si les alliés avaient développé, au début de la carrière de Napoléon, l'énergie qu'ils ont montrée à la fin, ils auraient pu, peut-être, arrêter à temps le cours de ses dévastations.

L'équilibre politique n'est pas fixe. Les poids qui servent à l'établir doivent se porter d'un point à un autre; il faut toujours secourir l'endroit menacé et soutenir le côté qui chancelle. Tantôt l'équilibre politique est entre deux puissances qui s'observent, se mesurent, et assurent par leur jalousie le repos des autres États; tantôt il est entre plusieurs États, ou entre plusieurs et un seul, contre lequel les premiers se tiennent en garde et se coalisent, pour réprimer ses goûts entreprenants.

En ce moment l'équilibre politique existe évidemment en Europe. Car si la France s'étendait trop en Afrique, elle rencontrerait sur sa route l'Angleterre, si ce n'est la Turquie; si l'Autriche s'avançait en Italie, l'Angleterre ou la France y apporteraient des empêchements. L'Angleterre et la Russie s'observent entre elles, en Asie, où elles se touchent presque, et, avant que la Russie ait occupé Constantinople, il se versera bien du sang : si toutefois on ne trouve le moyen de s'entendre pour démembrer l'empire Ottoman, qui penche évidemment vers sa chute; et le lot est assez beau, pour qu'on parvienne un jour à en faire des parts égales.

A présent qu'on ne se bat plus presque pour des caprices de rois, qu'on a le bon esprit de chercher à vider en paix les questions d'intérêt et les griefs, la guerre n'est plus possible que pour les principes, et, de ce côté même, il y a équilibre. Deux principes divisent le monde, la démocratie et la monarchie; deux camps partagent l'Europe, le camp constitutionnel et le camp absolu. Dans le premier, les rois ont fait la paix avec les peuples; dans le second, la guerre n'a pas encore éclaté. Les deux champions se mesurent; et s'ils n'en sont pas venus aux mains, c'est parce que leurs forces sont égales.

D'un côté, il y a la Russie, l'Autriche et la Prusse; de l'autre, l'Angleterre, la France et l'Espagne. La Prusse elle-même n'est là que comme un paravent entre les deux principes, l'obscurantisme russe et ce qu'elle croit être la propagande française. Entre la Russie et la

France, la Prusse trouve l'une trop absolue, l'autre trop libérale. Elle a les yeux fixés sur les deux puissances, et le peuple, s'appuyant sur les promesses qui lui ont été faites, empêche le gouvernement de se décider en faveur de la Russie, vers laquelle il penche par ses goûts. La Turquie est en dehors du combat; l'Italie est neutre, et, au jour décisif, il est probable qu'elle se prononcera en faveur de la liberté; la Suède et la Norvége sont assurées, à tout jamais, à la cause démocratique..

Si jamais des peuples barbares venaient renforcer le camp de l'absolutisme, l'Amérique viendrait se ranger dans celui de la liberté, et ferait indubitablement pencher la balance en sa faveur. Quelle que soit la perversité de la politique de l'Angleterre, on ne peut croire qu'elle trahirait les principes constitutionnels auxquels elle a donné le jour. Si la liberté a essuyé un échec en Pologne, elle n'a peut-être reculé que pour mieux sauter; en revanche, elle s'est relevée en Grèce, et l'aveuglement seul pourrait décider l'absolutisme à engager la lutte avec le parti contraire.

Le triomphe ou la chute de ces deux principes ne viendra, suivant toute apparence, que du sein de chaque État, et le combat est éminemment intellectuel. C'est dans les champs de l'esprit, et avec ses armes, que se décideront les intérêts de l'humanité. Les idées constitutionnelles paraissent assez sourire aux peuples. C'est le cas ou jamais, pour les rois absolus, de se faire sages et humains.

CHAPITRE IV.

Du droit d'intervention.

—

« Charbonnier est maître dans sa loge. » L'É-
tat devrait l'être tout autant, et plus encore,
dans son pays. Mais le droit de possession,
dit-on, n'est pas illimité : il ne va pas jusqu'à
concéder au propriétaire la faculté d'incendier
sa maison, de crainte que, par suite, les maisons attenantes ne prennent feu. De même,
lorsque le feu prend à une maison par quelque cause accidentelle, on cherche à l'éteindre, afin d'empêcher ses ravages. Ainsi, de
crainte que les bouleversements d'un pays ne
s'étendent à un autre, on veut se réserver le

droit d'intervenir dans ses affaires, afin de préserver son propre pays des mêmes désordres. Mais ce n'est pas là un droit, c'est une atteinte au droit, au droit de la souveraineté du peuple dont on viole le territoire, et qui n'a pas d'autre autorité au-dessus de lui que celle qu'il reconnaît lui-même. Ce n'est pas un bon moyen de défendre son pays que d'en attaquer un autre. Qui sait si l'on se rendra maître d'une révolution, si on parviendra à rétablir l'ordre dans un pays étranger? L'intervention ne fait souvent qu'aigrir les partis et envenimer le mal : un ordre de choses établi par l'étranger n'est jamais solide et est toujours odieux. Chaque gouvernement doit régner chez lui, et peut plus aisément garantir son pays des révolutions, en les combattant chez lui que chez autrui. S'il s'agit d'un peuple qui se révolte contre ses rois, ce n'est pas aux autres peuples à se mettre au service des rois étrangers, lors même que la royauté devrait en pâtir, et son principe en souffrir;

c'est aux rois à chercher à vivre en paix avec leurs peuples. S'il y a anarchie dans un pays voisin, il n'y a pas de vraisemblance qu'elle se propage au dehors. L'anarchie de la Pologne n'a pas gagné les pays qui l'entourent, et il n'y a pas de chance que celle de l'Espagne s'étende à la France. Si la lutte est entre les partis, c'est à eux-mêmes à se débattre et à résoudre leurs différends. Aussi ce n'est jamais le droit qui a donné lieu à l'intervention, mais simplement l'intérêt le plus égoïste. On laisse un roi égorger son peuple : pas une voix ne s'élève en faveur des opprimés. S'il y a des germes de trouble et de discorde quelque part, on se garde bien de les étouffer ; on les accroît au contraire, afin de se réserver la faculté d'intervenir, se rappelant du proverbe qui dit qu'on pêche mieux dans l'eau trouble. Ainsi, un article secret du traité passé entre la Russie et la Prusse le 11 avril 1764, stipulait formellement le maintien de l'anarchie en Pologne. S'il y a probabilité d'un gain quelconque, on intervient; si, au contraire, il y a des chances douteuses dans la lutte, on se garde bien de l'engager. On a laissé se consommer la révolution en Angleterre, et on se serait abstenu certes d'intervenir en France, si l'on avait pu prévoir tous les maux qui en sont résultés et tous ceux auxquels on a échappé comme par miracle. La coalition, au lieu d'étouffer les idées libérales de la France, n'a fait que les exaspérer, et se les a plus ou moins appropriées elle-même. Ce n'est pas elle, mais bien Napoléon qui a maîtrisé l'anarchie en France, et, avec un peu de modération dans son ambition, il aurait pu faire repentir plus amèrement encore les puissances étrangères de s'être mêlées des affaires de la France.

Les révolutions ne se font pas par imitation, quand il n'y a pas sujet de les faire; et, pour celles qui sont devenues nécessaires, les exemples ne manquent point. «C'est la tyrannie qui est nouvelle au monde, et c'est la liberté qui est ancienne, » dit un vieil adage. Les idées et les abus, voilà ce qui fait les révolutions : on ne peut empêcher les idées de naître, mais on peut s'abstenir de commettre des abus, et c'est là véritablement la seule voie sage à prendre pour prévenir les bouleversements. En entravant les idées, on ne fait que multiplier les abus et accroître les embarras ; mais en augmentant les bienfaits, on pacifie et on gagne les opinions. Le retentissement qu'a eu la révolution de juillet, en Europe, a été bien faible en Allemagne ; en Pologne et en Belgique, il était inévitable ; et l'exemple a été si nul, en Russie, que c'est elle-même qui a écrasé la Pologne.

Il en est autrement lorsqu'une révolution devient agressive et propage ses principes ostensiblement. C'est alors elle-même qui intervient et qui violente la souveraineté des autres peuples ; ceux-ci, en s'armant contre elle, ne font usage que du droit sacré de leur propre défense.

L'intervention n'est pas moins condamnable d'un côté que d'un autre, de la part des idées conservatrices ou rétrogrades, que de la part des idées libérales; elle n'est pas plus légitime en faveur de la liberté qu'en faveur du despotisme. Le principe est différent, mais le fait est le même; ici, comme là, il y a violation de la souveraineté d'un peuple, atteinte à son indépendance. Toute intervention est ou injuste, ou dangereuse, ou inutile. Donner le droit de la propagande à la liberté, c'est donner le même droit à la tyrannie. La lutte entre ces deux principes est inévitable; la cause des peuples est partout la même, mais l'intervention, au lieu de la servir, peut la compromettre. La tyrannie penche d'elle-même à son déclin, et précipiter sa chute n'est pas toujours un moyen de rendre sa ruine plus complète. Tombée d'elle-même, elle ne saurait se relever, tandis qu'elle pourra se refaire d'un échec qui ne lui viendrait que du dehors. Les révolutions intérieures sont bien autrement ef-

ficaces que celles que provoque l'étranger. Conserver le droit d'intervention serait perpétuer
les guerres. Un peuple voulant faire dominer
son principe au dehors, un autre voudra la
même chose pour un principe tout différent ;
et cette lutte indirecte ne sera que le prélude
d'une guerre directe et générale. Il n'y a pas
d'équilibre possible avec le maintien du droit
d'intervention. Les peuples qui sont appelés
à veiller sur le premier, doivent proscrire le
second, ou au moins, comme ils l'ont fait dans
ces derniers temps, n'intervenir qu'en commun et avec l'assentiment général, ainsi qu'on
a procédé pour la Grèce et la Belgique. C'est
là la destruction des germes de discorde, un
acheminement vers la paix universelle, et il
faut espérer que ces principes prendront de
plus en plus de l'extension et de la consistance.

CHAPITRE V.

Des alliances.

—

Il n'y a d'alliances solides et durables que celles qui sont basées sur l'intérêt positif et réciproque des peuples. Les alliances personnelles des souverains ne sont pas celles des nations; elles sont passagères et factices. Les rois beaux-frères sont souvent contraints de se faire la guerre; le beau-père se voit parfois forcé de tirer l'épée contre son gendre. Il en est de leur parenté comme de ces titres de frère et de cousin qu'ils se donnent officiellement, titres qui rigoureusement ne les obligent à aucun ménagement les uns envers les autres, et qui n'ont pas plus de valeur que les noms de frère et de cousin que les hommes du peuple se donnent, en Russie et en Allemagne, pour indiquer que nous sommes tous enfants d'un même père. Les souverains n'ont d'autre famille que leur peuple, et ils ne peuvent sacrifier ses intérêts aux affections de leur cœur; mais ils doivent subordonner leurs inclinations aux avantages de leur nation. On peut et doit les plaindre, mais on ne saurait remédier à ce mal, si c'en est un.

La communauté d'origine et d'intérêts n'est pas une garantie de la solidité des alliances. Les guerres les plus acharnées sont les guerres civiles, et, après elles, les guerres entre peuples d'une même origine; témoin les Polonais et les Russes qui n'ont jamais pu vivre en paix. La proximité même des deux peuples est, entre eux, une cause de guerre de plus; la multiplicité de leurs rapports présente de continuelles occasions de conflits et de discordes.

L'identité des intérêts est également une source de rivalités entre deux peuples, et leur divergence est, au contraire, une condition de rapprochement. Une puissance maritime se liguera plus facilement avec une puissance continentale, que ne le feront deux pays rivaux sur terre ou sur mer. Un peuple agricole ou manufacturier pourra plutôt vivre en bonne intelligence avec un peuple commerçant, que ne le pourraient, entre eux, deux peuples industriels.

Les dispositions réciproques de deux peuples, et la nature de leurs antécédents, sont aussi d'une grande influence sur leurs rapports. Il n'est que trop avéré que les nations comme les individus sont sujets à des sympathies ou à des haines. Leurs caractères s'accordent ou se repoussent comme ceux des particuliers. Il y a parfois, entre eux, des gouffres qu'on ne peut combler, des préventions qu'il ne faut pas contrarier. Les similitudes de caractères ne se règlent ni sur les climats ni sur les positions géographiques, pas même sur l'origine des peuples. Il y a plus de points de contact entre le Russe et le Français, qu'il n'y en a entre le Russe et l'Allemand; plus peut-être entre le Polonais et le Français qu'entre le Polonais et le Russe, qui sont pourtant d'une même race. Le passé influe sur le présent comme sur l'avenir. Les anciennes rivalités de la France et de l'Angleterre forment, à présent encore, un obstacle à la sincérité de leur alliance. Les hostilités perpétuelles de la Russie et de la Pologne avaient enraciné entre elles de profondes animosités.

Je ne saurais le dire assez haut ni le répéter assez souvent : la France a toujours joui, en Russie, de la plus vive sympathie, et il serait désolant qu'on n'en pût tirer un meilleur parti que celui qu'on en a retiré jusqu'ici. Je dirai plus : je ne connais pas de nation qui professe une aussi grande inclination pour les Français que le peuple russe. Et comment pourrait-il en être autrement ? Peut-on ne pas aimer le peuple dont on copie les usages et les mœurs, dont on parle la langue, même entre soi, dont la littérature jouit de toutes les faveurs de la mode? On s'est battu, il est vrai, dans un temps ; mais les deux armées, en se quittant, ont emporté une haute estime l'une de l'autre, et les deux nations auraient dû apprendre à s'aimer. Je crois, après tout, qu'il n'y a pas deux peuples dont les caractères s'accordent plus que ceux du peuple russe et du peuple français. Un peu d'indulgence des deux parts, et quelque prévenance, rapprocheraient toutes les distances. Si, en général, il est plus facile de détruire que de fonder, il n'en est pas de même pour les inclinations des peuples, et il sera bien difficile de détruire les habitudes françaises de la noblesse russe. Quant à la mésintelligence des deux cours, ce n'est là qu'une tempête dans un verre d'eau, et qui ne peut durer toujours. Ce serait tomber dans un piége bien grossier, si, se méprenant sur la nature de leurs griefs, les deux nations allaient imiter leurs gouvernements, et partager leur animosité. L'importance des relations commerciales entre les deux pays a bien su, jusqu'ici, paralyser les boutades des deux cours. Espérons que la presse apportera sa part au rapprochement définitif de la Russie avec la France. Il est juste de dire, du reste, que la faute de toute cette mésintelligence n'est nullement au gouvernement français.

A défaut de la France, l'intérêt matériel et politique, plus que la sympathie, rapproche la Russie de l'Angleterre. La Russie est agricole et l'Angleterre manufacturière ; et si le noble russe a encore beaucoup à envier à l'aristocrate anglais, le serf russe n'est pas beaucoup plus malheureux que le pauvre anglais. En outre, la Russie est une puissance continentale et l'Angleterre est maritime : l'aigle et le léopard peuvent et doivent vivre en paix ; car si l'un a essayé de la mer, et si l'autre a voulu s'étendre sur la terre ferme, ils n'ont fait par là que se prêter l'un à l'autre un côté vulnérable, et ils feront bien, à l'avenir, de tourner leurs armes contre des peuples barbares.

L'alliance anglo-russe est bien plus probable et assurée que l'alliance anglo-française. Les idées démocratiques de la France sont un sujet de crainte perpétuelle pour l'Angleterre; l'industrie française est une rivale dangereuse pour les fabriques anglaises, et l'animosité des deux peuples est trop invétérée pour céder de sitôt au progrès de la civilisation.

CHAPITRE VI.

De la législation sur les étrangers, ou de l'émigration, de l'extradition et de la naturalisation.

Un gouvernement doit tâcher de faire de son pays un séjour de bonheur, et non point une prison, et c'est pourquoi il doit en laisser la sortie libre à ses sujets. Ceux qui ne s'y plaisent pas ne peuvent que lui être funestes, en fomentant des mécontentements et des troubles. La politique d'une libre émigration est la plus sage comme la plus digne, la plus loyale comme la plus forte. Elle démontre, dans le pouvoir, l'intention de rendre son gouvernement aussi bon qu'un autre, et prouve qu'on ne craint pas la concurrence des autres pays. La politique contraire témoigne peu de confiance dans la bonté des institutions, et se condamne ostensiblement; elle trahit la prétention de retenir ses sujets par la force, et elle est aussi tyrannique qu'absurde et ridicule. Défendre une chose, c'est la faire désirer; tandis qu'autoriser un acte aussi grave que l'émigration, c'est s'assurer simplement que celui-là seul en fera usage, qui ne peut faire autrement, et retenir celui-ci est le comble de la cruauté.

Être exilé de son pays a justement été considéré, de tout temps, comme une peine, et il est insensé de défendre à quelqu'un de se punir lui-même, de courir à sa perte ou de s'exiler volontairement. L'émigration est toujours une chose pénible par elle-même, et l'État qui s'y oppose ne sait ce qu'il fait. « On n'emporte pas, a dit Danton, la pa-« trie à la semelle de ses bottes. » On n'a jamais, dans un pays étranger, les droits dont on jouit dans le sien. En présence de toutes les causes naturelles qui s'opposent à l'émigration, le gouvernement devrait bien s'abstenir d'user son pouvoir en d'inutiles proscriptions, qui produisent toujours l'effet contraire à celui qu'on en attend.

Qui est in territorio est de territorio. L'étranger étant soumis aux lois du pays où il réside, et leur devant obéissance, doit aussi jouir de la protection et des avantages de ces mêmes lois. Si sa tête doit tomber pour les crimes qu'il peut commettre dans le pays où il se trouve, qu'elle soit au moins à l'abri de la hache étrangère. Tout droit de souveraineté cesse à la frontière de l'État, et ne saurait s'étendre au delà, même sur ses sujets, qu'autant qu'ils s'y soumettent de leur gré. Il ne peut user de force, hors de chez lui, et l'autorité étrangère ne peut se mettre à son service pour faire exécuter ses décrets. C'est surtout pour les crimes politiques que la terre étrangère doit être un asile assuré. Ils diffèrent selon les pays, et perdent tout à fait leur nature et leur portée, du moment que le criminel passe à l'étranger. Là, son crime peut être considéré comme un fait irréprochable, parfois même comme un acte méritoire. Dans un pays constitutionnel, ce ne sont pas les partisans des constitutions, ou ceux qui les ont voulu introduire dans leur pays, qui sont des criminels : ce sont bien plutôt les partisans de l'absolutisme qui méritent la réprobation générale. Le courroux d'un souverain constitue, à lui seul souvent, un crime politique, et l'humanité en pâtirait, s'il n'y avait aucun moyen de lui échapper.

Quiconque se trouve sur le sol d'un pays libre, est libre par ce seul fait. L'esclave nègre ne peut être réclamé en Angleterre; le serf russe retrouve sa liberté en France, en y posant le pied, et s'il reprend ses chaînes, ce ne peut être que de propos délibéré. Les criminels politiques ne sont que des esclaves d'un autre genre, et, dans tout pays où les opinions sont libres, leur crime est nul.

On croit parfois devoir faire une exception pour les complots tramés par des émigrés contre leur gouvernement, durant leur séjour à l'étranger. On pense que les tolérer serait manifester une inimitié ouverte, et protéger des entreprises contre la sûreté d'un État ami. Mais ce n'est pas à un gouvernement à faire la police d'un autre, et c'est bien mal entendre sa dignité et son intérêt, que de se dessaisir volontairement du droit de juridiction sur les étrangers. Et là où il n'y a crime que contre un pouvoir étranger, il n'y a ni crime, ni matière de poursuivre, ni nécessité d'extradition, ni urgence de renvoi. Ce n'est pas au droit à se régler sur la politique, c'est à la politique à se ranger sous la loi. La stricte neutralité est tout ce qu'un gouvernement doit observer à ce sujet.

Il peut en être autrement des crimes privés; ceux-ci se ressemblent, par leur nature, dans tous les pays, et ne diffèrent que suivant les peines qu'on y applique. C'est uniquement par une conséquence du droit de souveraineté que le criminel échappe à la peine, en passant à l'étranger. Les traités entre les différents pays peuvent stipuler l'extradition, et concilier ainsi la justice avec le droit de la souveraineté.

Toutes les fois qu'il n'y a pas d'extradition, un gouvernement ne peut devenir maître des criminels résidant à l'étranger, qu'en s'emparant d'eux par la ruse ou la violence. On attire adroitement l'individu sur un vaisseau du pays, ou dans l'hôtel du consulat, d'où une voiture aux armes de celui-ci ou de l'ambassade le transporte sur le navire. Ce sont là, conventionnellement, des parties du territoire étranger, mais qui ne peuvent couvrir la violation de la souveraineté du pays. Toutes les fois qu'on use de la force, que dans un port, par exemple, on fait main basse sur celui qu'on veut enlever, il y a violation du territoire et cas de guerre. La ruse devrait être assimilée à la force.

Chaque pays est libre de souffrir chez lui un réfugié, ou de l'en éloigner, de même qu'il peut refuser l'accès de son pays à tout étranger. C'est là néanmoins renverser toute hospitalité, donner accès à l'arbitraire, et consacrer même le principe de l'extradition. A l'abri d'une telle prérogative, le gouvernement peut renvoyer tel proscrit politique qu'il lui plait; et si tous en agissaient ainsi, le fugitif ne trouverait d'asile que dans les cachots ou sur l'échafaud de son pays. C'est à la législation de chaque État à régler d'une manière fixe ce qui concerne les étrangers, afin de proscrire tout arbitraire. L'Angleterre a, sous ce point, rempli sa tâche. Le 20 avril 1826, l'*alienbill,* qui donnait au secrétaire d'État le droit de renvoyer un étranger sur le moindre soupçon, a été annulé, et depuis, on ne peut expulser un réfugié que pour les mêmes raisons et d'après les mêmes formes que les nationaux. Il est à désirer que la France suive cet exemple et ne se borne pas, en fait de législation sur les étrangers, à une contrainte par corps particulière. Il serait bien temps de mettre fin à l'incertitude qui règne sur toute cette matière, à donner l'hospitalité, non comme une aumône, mais comme un droit.

La naturalisation dépend entièrement de la législation de chaque État. Elle est trop facilement concédée dans les uns, et est soumise, dans les autres, à des conditions trop sévères. Ainsi, en Russie, il suffit de prêter serment de fidélité pour devenir Russe, et l'on a vu des individus occuper des postes éminents dans l'empire, tout en conservant leur titre d'étranger. Il serait tout aussi logique de supprimer toute naturalisation, et de poser en principe qu'un étranger doit rester tel toute sa vie.

En France, il faut dix ans de résidence dans le pays, pour être naturalisé; mais on dit la politique plus timide encore à ce sujet que la loi, au moins quand il s'agit des sujets de certains souverains puissants. Les États-Unis suivent un terme moyen qui est le meilleur : on y devient citoyen, après cinq ans de séjour, mais certaines hautes fonctions restent inaccessibles aux naturalisés. Le terme de la résidence exigé pour l'acquisition de la nationalité est ordinairement trop long. S'il n'est destiné qu'à constater la ferme résolution d'un homme, dans le choix qu'il a fait pour sa nouvelle patrie, il n'y a pas de raison pour qu'il ne dure pas jusqu'à sa mort ; car cet homme peut toujours changer d'avis et de pays; tandis que s'il a du caractère, pour s'en tenir à sa résolution, il suffira qu'il l'ait une fois prise. Il serait plus utile de se procurer d'autres garanties de la moralité et de l'utilité des sujets qui veulent se naturaliser. Les services publics rendus par un individu ne peuvent ordinairement être que postérieurs à son entrée dans les droits politiques du pays, et il y a contradiction à en faire une condition pour la concession de ces mêmes droits.

CHAPITRE VII.

Des colonies.

Il y a des colonies extérieures ou intérieures; instituées dans un but général ou particulier ; colonies agricoles ou militaires, pénales ou de bienfaisance.

Les colonies extérieures sont un accroissement de territoire et un débouché de population; et comme telles, elles sont doublement utiles aux pays dont la population est à l'écart dans les limites de son territoire. Pour les pays où les capitaux sont considérables et les rentes en conséquence basses, les colonies présentent un placement de fonds avantageux, et viennent ainsi en aide aux fortunes et aux existences gênées. En y déversant le trop plein des hommes et des capitaux, on rend la vie plus aisée dans la métropole, en même temps qu'on l'améliore dans les colonies. Les rapports commerciaux que les colonies continuent d'entretenir avec la mère-patrie, lui sont d'une utilité constante. Lors même qu'en enfants devenus grands, celles-ci lui échappent, la liberté ne fait que rendre plus naturelles et plus profitables ces mêmes relations. L'inappréciable avantage, pour une nation, de se reproduire à des distances lointaines, de semer, sur tous les points du globe, des traces de son existence, peut bien entrer en comparaison avec les dépenses qu'exige l'établissement des colonies, lors même qu'elles ne rapportent pas de bénéfices considérables. Quelque grande que soit la distance de la colonie, et quelque difficile que soit par suite sa surveillance, son administration peut être bonne avec des agents intègres et capables, munis d'instructions claires et précises. OEuvre économique et politique, les colonies deviennent une œuvre religieuse et civilisatrice, lorsque des Européens vont se fixer chez des sauvages et leur apporter les lumières de leur foi et de leur civilisation.

S'il faut déjà avoir une certaine puissance sur la mer pour fonder des colonies, la possession des colonies renforce cette même puissance; elle est même une condition indispensable de l'existence de la marine, tant militaire que marchande, en présentant aux navires des points de ralliement, de repos et de ravitaillement.

Les colonies pénales peuvent être intérieures ou d'outre-mer. Généralement moins coûteuses que les prisons, celles d'outre-mer demandent néanmoins, pour le transport des criminels, des dépenses tellement considérables, qu'on est obligé de leur préférer les colonies intérieures, d'autant plus que celles-ci présentent en outre l'avantage d'une surveillance plus aisée.

Elles peuvent être consacrées à des individus condamnés correctionnellement, à des criminels proprement dits, ou à des libérés. Pour les premiers, le séjour dans les colonies est de trop peu de durée pour les améliorer efficacement. Quant aux seconds, la peine des colonies n'est pas assez sévère et n'a pas assez d'intimidation, et on ne peut y empêcher leurs rapports, toujours très-funestes. Il n'y a donc que les libérés sortant des galères ou des prisons, pour lesquels le séjour dans les colonies peut être un complément d'amélioration.

Les colonies de mendiants et de vagabonds ont donné des résultats tout à fait satisfaisants, tant en Hollande qu'en Belgique. L'entretien des pauvres cause des dépenses immenses à l'État. En les établissant sur des terres en friche, et il n'y en a que trop dans chaque pays, on les occupe avantageusement, pour eux comme pour l'État. Le régime des maisons de refuge et des dépôts de mendicité est souvent cruel et funeste pour la santé de ceux qui y sont renfermés. Le travail de la terre ne présente pas les mêmes inconvénients, et, grâce à une discipline sévère, on voit dans ces colonies les mendiants perdre leurs goûts d'oisiveté.

Quant aux colonies militaires, le peu de succès qu'elles ont obtenu en Russie, ne doit pas faire désespérer de leur cause, et les résultats qu'elles ont produits en Suède et en Autriche doivent, au contraire, encourager à les répandre. Au lieu de faire des paysans soldats, il faut faire des soldats colons. C'est là, à la fois, utiliser leurs loisirs, pourvoir à leur subsistance et relever leur état.

FIN.

TABLE DES MATIÈRES.

LIVRE PREMIER.

DES FORMES DE GOUVERNEMENT.

—

LIVRE SECOND.

POLITIQUE INTÉRIEURE.

—

LIVRE TROISIÈME.

POLITIQUE EXTÉRIEURE.

FIN DE LA TABLE.